AF544273

Matthew J. Van Natta

Stoizismus

Das besondere Buch für den angehenden Stoiker

MATTHEW J. VAN NATTA

Stoizismus

DAS BESONDERE BUCH FÜR DEN ANGEHENDEN STOIKER

Bibliografische Information der Deutschen Nationalbibliothek
Die Deutsche Nationalbibliothek verzeichnet diese Publikation in der Deutschen Nationalbibliografie. Detaillierte bibliografische Daten sind im Internet über http://dnb.d-nb.de abrufbar.

Für Fragen und Anregungen
info@m-vg.de

2. Auflage 2025

Türkenstraße 89
80799 München
Tel.: 089 651285-0

Übersetzung: Cornelia Stoll
Redaktion: Silke Panten
Korrektorat: Karla Seedorf
Umschlaggestaltung: Marc-Torben Fischer in Anlehnung an das Cover der Originalausgabe
Umschlagabbildung: © iStock/vectortatu
Foto Autor S. 158: © Christy Radonich Van Natta
Satz: ZeroSoft, Timisoara
Druck: GGP Media GmbH, Pößneck
Printed in Germany

ISBN Print 978-3-95972-479-1
ISBN E-Book (EPUB, Mobi) 978-3-96092-911-6

Weitere Informationen zum Verlag finden Sie unter
www.finanzbuchverlag.de
Beachten Sie auch unsere weiteren Verlage unter www.m-vg.de

Inhaltsverzeichnis

Danke, Christy, für deine Liebe, deine Ermunterung und deine unendliche Geduld. Danke, Freyja, für deine Umarmungen, deine Lieder und dein Staunen. Und ein Dank an die stoische Community für all die Jahre der Aufmerksamkeit und Unterstützung.

Einführung

Vor etwa zehn Jahren entdeckte ich für mich den Stoizismus. Seither habe ich ihn immer praktiziert. Die stoische Denkweise hat mein Leben grundlegend verändert und mir emotionale Resilienz und eine positive Grundeinstellung verliehen. Und sie hat in mir den Wunsch geweckt, die Gemeinschaft, in der ich lebe, positiv zu verändern. Dies ist ein Gewinn, den ich meiner langjährigen stoischen Praxis verdanke. Ich habe meine stoische Kompetenz mithilfe vieler Bücher, einer Onlinecommunity und durch ständiges praktisches Ausprobieren entwickelt. Ich hoffe, dass Ihnen dieser Leitfaden einen klaren Weg vorgibt und Sie mit seiner Hilfe schneller Fortschritte machen werden als ich seinerzeit.

Seit meinen späten Teenagerjahren leide ich unter einer Angststörung. Sie blieb viel zu lang unbehandelt und ruinierte nicht nur meine Beziehungen, sondern auch mein Berufsleben. Mit Anfang dreißig suchte ich professionelle Hilfe auf und lernte viele nützliche Übungen aus der kognitiven Verhaltenstherapie kennen, die für mich zum ständigen Handwerkszeug meines mentalen Lebens wurden. Anfangs waren es die vielen Ähnlichkeiten zwischen der stoischen Weltsicht und meinen therapeutischen Übungen, die mich zum Stoizismus hinzogen. Erst später erfuhr ich, dass beides historisch tatsächlich miteinander verbunden ist. Die Verhaltenstherapie beruhigte meine Gedanken, während der Stoizismus ihnen eine Richtung vorgab. Mithilfe des Stoizismus konnte ich endlich entscheiden, wer ich sein wollte, und mir die Techniken aneignen, um ebendiese Person zu werden. Es ist ein Prozess, der einen auf ewig begleitet, doch er lohnt sich und ist es wert, andere daran teilhaben zu lassen.

Der Stoizismus sagt, dass Sie – unabhängig von Ihren Lebensumständen – ein erfolgreiches Leben führen können. Mit diesem Leitfaden lernen Sie, sich auf die Dinge zu konzentrieren, die Sie kontrollieren *können*, damit Ihr Handeln wirksam ist und Sie Ihre Zeit nicht mit Dingen verschwenden, die Sie nicht ändern können. Sie werden anderen gegenüber offener und toleranter und haben gleichzeitig den Mut, für sich und Ihre Überzeugungen einzustehen. Ihr Gefühlsleben wird davon profitieren, Sie werden eine positive Lebenshaltung entwickeln und negatives Denken überwinden. Sie werden Ihr bestes Selbst entwickeln und lernen, ein Leben in Harmonie zu führen.

Ich bin bereits fast mein ganzes Erwachsenenleben lang im Ausbildungsbereich tätig. Als ich mit dem Stoizismus begann, war es deshalb für mich selbstverständlich, mein neues Wissen auch anderen mitzuteilen. Ich begann mit meinem Blog, *Immoderate Stoic*. Später startete ich den Podcast *Good Fortune* als Hommage an eines meiner Lieblingszitate von Mark Aurel, das das *große Glück* beschreibt: »Denke also daran, bei allem, was dir Traurigkeit verursachen könnte, bei dieser Wahrheit Zuflucht zu suchen: Die Sache an sich ist kein Unglück. Sie zu ertragen und zu überstehen, ist sogar ein großes Glück.« (Mark Aurel, Selbstbetrachtungen 4.49) Beide Formate wurden von der stoischen Community gut aufgenommen und unterstützen bis heute Menschen, die ein Leben im Sinne der stoischen Philosophie führen wollen. Meine Inhalte konzentrieren sich auf die praktische Umsetzung des Stoizismus. Wie kann Ihnen diese Philosophie genau hier und jetzt helfen? Dieser Leitfaden ist genauso aufgebaut. Sie brauchen keine philosophischen Vorkenntnisse, um von den stoischen Lehren zu profitieren. In der Entstehungszeit des Stoizismus half die Philosophie den Menschen, ein sinnhaftes Leben zu führen. Die stoischen Lehrer lieferten eine ethische Grundlage für das Handeln in einer oft verwirrenden und herausfordernden Welt. Der Stoizismus hilft Ihnen, Dinge anzupacken. Sie lernen, die Kontrolle über Ihr geistiges und emotionales Leben zu übernehmen. Sie entwickeln oder vervollkommnen die Fähigkeiten, die notwendig sind, um Ihre Handlungen in eine positive Richtung zu lenken. Dies hilft sowohl Ihnen als auch all jenen Menschen, mit denen Sie interagieren. Wenn Sie wissen wollen, wie Sie Ihr Glück über alle Höhen und Tiefen des Lebens bewahren können, dann sind Sie hier richtig.

Der Stoizismus schult Sie in einer neuen Denkweise. Ich werde Sie Schritt für Schritt durch diesen Prozess führen. Jedes Kapitel baut auf dem vorhergehenden auf. Sie erhalten eine solide Grundlage, bevor Sie weiter ins Detail gehen. Zudem sind in jedem Kapitel praktische Übungen enthalten. So bekommen Sie von Anfang an nützliche mentale Werkzeuge, deren Anwendung im Laufe der Zeit immer klarer und überzeugender werden wird.

Teil I dieses Buches gibt Ihnen einen Überblick über die Philosophie des Stoizismus und seine Geschichte. Sie erfahren das Wichtigste über den notwendigen Kontext, um die Ziele der stoischen Lehre zu verstehen. Anders ausgedrückt: Das Gerüst des Stoizismus wird verdeutlicht.

In *Teil II* werden die Grundlagen des stoischen Denkens und der stoischen Praxis gelegt. Sie lernen die drei stoischen Disziplinen und ihre Anwendung kennen. Sie beschäftigen sich mit der Tugend, jener stoischen Vorstellung von persönlicher Exzellenz, die Ihrer Vorgehensweise einen klaren Fokus gibt. Sie lernen, die

Dinge, die Sie kontrollieren können, von denen zu trennen, die Sie nicht kontrollieren können – eine der wichtigsten Einsichten, die Ihnen die wahre Kraft des Stoizismus offenbaren wird.

Teil III überträgt Ihr neues philosophisches Fundament auf den Alltag. Hier lernen Sie, positive Emotionen zu entwickeln und negative hinter sich zu lassen. Der Stoizismus macht Sie autarker und motiviert Sie gleichzeitig, gesunde Beziehungen zu anderen Menschen aufzubauen. Sie gewinnen den Mut, die Welt zum Besseren zu verändern.

Nun ist es Zeit, mit dem Lernen zu beginnen! Zuerst erfahren Sie, was Stoizismus eigentlich ist – und was er definitiv *nicht* ist. Sie erfahren etwas über seine Wurzeln und wie er sich im Laufe der Geschichte verändert hat. Sie werden auch in die grundlegenden Werkzeuge der Philosophie eingeführt, mit deren Hilfe Sie einen gesünderen Geist entwickeln und ein erfüllteres Leben führen können.

Teil I
Grundlagen

Kapitel 1
Eine Philosophie der Praxis

Aufhören, darüber zu reden, wie ein guter Mensch ist, sondern einfach so sein.

MARK AUREL, SELBSTBETRACHTUNGEN, 10.16

Wie können wir uns im Leben weiterentwickeln? Mit dieser Frage beschäftigt sich dieses Buch. Hier finden Sie unter anderem eine Reihe von mentalen Werkzeugen, täglichen Mindsets und angeleiteten Übungen, die Ihnen helfen, in jedem Moment und in jeder Situation die beste Version Ihres Selbst zu sein, sowohl zu Ihrem eigenen Wohl als auch zum Wohl aller in Ihrem Umfeld. Die Philosophie hinter diesen Praktiken, der Stoizismus, hilft immer mehr Menschen, mentale Hürden zu überwinden, im Hinblick auf die Herausforderungen des Lebens Mut zu fassen und dauerhafte Zufriedenheit zu finden. Mir selbst hat der Stoizismus im Großen und im Kleinen geholfen, sei es eine lebenslange Angststörung zu überwinden oder bei der täglichen langen Fahrt zur Arbeit einfach die Ruhe zu bewahren. Ich habe auch miterlebt, wie diese Philosophie das Leben vieler anderer zum Besseren verändert hat. Ich bin davon überzeugt, dass Sie mithilfe des Stoizismus in dieser Welt wachsen und gedeihen werden, und ich freue mich darauf, Ihnen zu vermitteln, worum es dabei geht.

Was ist Stoizismus?

Der Stoizismus ist eine praxisorientierte Philosophie, die auf dem Glauben aufbaut, dass alle Menschen ein erfolgreiches Leben führen können, und zwar unabhängig von allen äußeren Umständen. Allerdings müssen Sie bereit sein, an der Entwicklung einer positiven Geisteshaltung zu arbeiten. Der Stoizismus lehrt Sie, Ihre Gedanken und Handlungen auf das zu lenken, was Ihrer eigenen Kontrolle unterliegt. Auf diese Weise entwickeln Sie eine positive Grundeinstellung. Indem Sie lernen, sowohl das zu bewerten, was Sie wollen, als auch das, was Sie lieber meiden würden, lenken Sie Ihre Aufmerksamkeit auf gesunde Wünsche. Und wenn Sie dies tun, werden Sie feststellen, dass Sie immer häufiger positive Emotionen entwickeln. Sie gewinnen emotionale Resilienz, mit deren Hilfe Sie Schwierigkeiten überwinden, die Ihrem Glück im Wege stehen.

Der Stoizismus zielt vor allem darauf ab, Sie zu einer klugen Lebensführung zu ermuntern. Wir bezeichnen diese Lebenskompetenz als *Tugend.* Die stoische Philosophie schult Sie in der Tugendhaftigkeit: Sie formt Ihren moralischen Charakter zu einem Menschen, der zufrieden, voller Freude und belastbar ist und dem es gelingt, so zu handeln, dass die Welt zu einem besseren Ort wird.

Mythen und Missverständnisse

Auch wenn Sie noch nie von der Philosophie des Stoizismus gehört haben, haben Sie vielleicht schon das Wort *stoisch* gehört. Dieser Begriff bezeichnet Menschen, die angesichts von Widrigkeiten ihre Selbstbeherrschung bewahren. Obwohl eine »stoische«

Haltung oft bewundert wird, kann sie durchaus schädlich sein. Wenn Sie Gefühle lediglich unterdrücken und innere Unruhe herunterspielen, sich aber nie wirklich mit diesen inneren Problemen auseinandersetzen, kann das Ergebnis verheerend sein. Dies ist jedoch nicht der Stoizismus, von dem ich spreche. Schon die antiken Stoiker hatten mit dieser unrichtigen Beschreibung ihrer Philosophie zu kämpfen. Ihre Kritiker sahen darin eine Gefühlskälte, doch es war den Stoikern wichtig, dass niemand darauf abzielte, gefühlskalt wie eine Statue zu werden. Die Entwicklung eines tugendhaften Lebens führt im Gegenteil zu einem reichen Gefühlsleben, einem Leben, in dem Sie mit Ihren Gefühlen klug umgehen und das Positive fördern, während Sie das Negative rasch überwinden.

Ein weiteres Missverständnis ist die Passivität. Der Stoizismus sagt, dass man sich in jeder Situation weiterentwickeln kann; er lehrt, die Welt so zu akzeptieren, wie sie ist. Dies kann als Apathie missverstanden werden. »Warum sich verändern«, sagen manche, »wenn man auch in den schlimmsten Stürmen des Lebens glücklich sein kann?« Es mag paradox erscheinen, aber gerade die stoische Akzeptanz gibt Ihnen die Kraft, sich Herausforderungen zu stellen und sie zu meistern. Passivität dagegen ist häufiger eine Folge von Angst als von Akzeptanz. Wenn eine unhöfliche Person Ihnen Vorwürfe macht, wie oft geben Sie dann einfach nach, weil Sie befürchten, dass es noch schlimmer wird, wenn Sie sich wehren? Der Stoiker akzeptiert, dass die Person vor ihm feindselig ist, aber er entscheidet frei, wie er darauf reagiert. Wenn die Vorwürfe der angriffslustigen Person unrecht sind, setzt sich der Stoiker für Gerechtigkeit ein. Der Stoizismus lehrt Sie, einen klaren Blick zu behalten, um bestmögliche Entscheidungen treffen zu können. Wenn Sie darauf vertrauen, dass Sie Probleme bewältigen können, werden Sie ihnen nicht mehr untätig oder unentschlossen gegenüberstehen. Lenken Sie Ihre Aufmerksamkeit auf das, was Sie kontrollieren können, dann werden Ihre Handlungen zielgerichtet und effizient.

Bevor wir uns eingehend mit dem Handwerkszeug des Stoizismus befassen, schauen wir uns kurz an, wo diese Methoden ihre Wurzeln haben.

Ursprünge

Der Stoizismus begann 300 v. Chr. im antiken Griechenland, entwickelte sich 500 Jahre lang weiter, verlor dann aber an Bedeutung und fand viele Jahre lang nur noch sporadisch Beachtung, bis er jüngst, in unserer Zeit, wiedererwachte. Der Begründer der Philosophie war Zenon von Kition, ein Kaufmann, der bei einem Schiffsunglück alles verloren hatte. Nach diesem Verlust wollte er sein Leben neu ausrichten und wandte sich der Philosophie zu. Zenon kam zu der Überzeugung, dass alle Menschen für einen »guten Fluss des Lebens« bestimmt sind, der aus persönlicher Gelassenheit und gleichzeitig aus freudvoller Harmonie mit der Gemeinschaft besteht. Um den Menschen seine Botschaft nahezubringen, hielt Zenon öffentliche Lehrstunden im Freien ab. Er und seine Schüler trafen sich in einer *Stoa,* einer der damals üblichen überdachten Arkaden. Seine Schule wurde als die Stoa bekannt, daher auch der Name Stoizismus.

Im Laufe der Zeit fand der Stoizismus seinen Weg ins Römische Reich, oder besser gesagt, das Römische Reich fand seinen Weg nach Griechenland. Wir werden uns vor allem mit den römischen Stoikern beschäftigen, da die Werke der griechischen Stoiker fast vollständig verloren gegangen sind. Wir wissen, dass sie Tausende von Büchern geschrieben haben, aber es sind nur wenige Seiten erhalten. Von den römischen Stoikern sind vor allem die Werke dreier Männer relativ vollständig überliefert, dank derer die Weisheit ihrer Philosophie vor dem Aussterben bewahrt wurde:

- Epiktet (50-135 n. Chr.), ein stoischer Lehrer, der sein Leben als Sklave begann und uns die Lehren dieser Philosophie am umfassendsten vermittelt
- der römische Senator Seneca (4 v. Chr.-65 n. Chr.), der uns erhellende Einsichten liefert
- Mark Aurel (121-180 n. Chr.) steht uns, obgleich er Kaiser von Rom war, auf unserer Erkundungsreise am nächsten. Wir haben Zugang zu seinem persönlichen philosophischen Tagebuch und damit auch Zugang zur inneren Gedankenwelt eines praktizierenden Stoikers.

Moderner Stoizismus

> Ich binde mich nicht an einen bestimmten Lehrer des Stoizismus; auch ich habe das Recht auf eine eigene Meinung.
>
> Seneca, Vom Glücklichen Leben

Der moderne Stoizismus stellt hauptsächlich die Ethik in den Mittelpunkt. Die antiken Stoiker teilten ihre Lehre in drei große Themenbereiche ein: Physik, Logik und Ethik. Es mag intellektuell durchaus befriedigend sein, stoische Gedanken über Physik und Logik zu lesen, doch die meisten Stoiker widmen sich eher den Gebieten, die ihnen zu einem erfolgreichen Leben verhelfen. Die stoische Lebenseinstellung übt eine starke Anziehungskraft auf uns aus. Auch die heutige kognitive Verhaltenstherapie (KVT) ist von den Schriften der Stoiker beeinflusst. Ihre Herangehensweise an das Gefühlsleben und viele ihrer Praktiken sind mit dem Stoizismus vergleichbar. Die KVT zeigt Menschen eine gesündere Art des Denkens auf, bietet aber keinen Fahrplan für ein erfolgreiches Leben. Die stoische Philosophie verwendet ähnliche mentale Praktiken, kombiniert sie aber mit einem Wertekanon, der die beste Version Ihres Selbst zum Vorschein bringen kann. Es ist genau diese Verbindung aus geistiger Klarheit und Zielorientierung, die den Stoizismus für viele so anziehend macht.

Der moderne Stoizismus hat auch eine andere Sichtweise auf unsere Beziehung zum Universum. Viele antike Stoiker waren gläubige Pantheisten, für die das Universum vom gütigen Göttervater Zeus beherrscht war. Der heutige Stoizismus vertritt eine eher säkulare Sichtweise. Er behält auch seine Sinnhaftigkeit, wenn Sie nicht religiös sind. Wenn Sie religiös sind und sich für den Stoizismus entscheiden, haben Sie mehr davon, wenn Sie sich nicht an Glaubensfragen klammern.

Über die Pantheisten

Die Stoiker der Antike werden oft als Pantheisten bezeichnet. Dies ist eigentlich ein Anachronismus, da der Pantheismus ein moderner Begriff ist, der erst 1697 n. Chr. entstand. Gleichwohl entspricht die stoische Theologie der pantheistischen Definition, dass Gott das Universum ist – oder das Universum eine Manifestation von Gott ist.

Die meisten der frühen Stoiker glaubten, dass das gesamte Universum ein einziges, zusammenhängendes Wesen sei, ein einziger Organismus, den sie Zeus nannten und der gleichbedeutend mit Natur und Vernunft war. Der römische Geschichtsschreiber Diogenes Laertius berichtet: »Die Stoiker

> sagen auch, dass Gott ein Tier sei, unsterblich, vernunftbegabt, vollkommen im Glück, immun gegen alles Böse, und für alles sorgend, was in der Welt ist, aber er sei nicht von menschlicher Gestalt. Er sei der Schöpfer des Universums und gleichsam der Vater aller Dinge, und ein Teil von ihm durchdringe alles, und er habe je nach seinen Kräften verschiedene Namen inne ...«

Heutzutage ist die stoische Praxis stärker individualisiert als in der Vergangenheit. Heute werden Sie kaum in einer stoischen Schule leben wie seinerzeit die Schüler von Epiktet. Das bedeutet nicht, dass Sie sich dem Stoizismus ganz allein widmen müssen. Es gibt Onlinecommunitys, die sich mit dem Stoizismus beschäftigen, und es vernetzen sich immer mehr Menschen auf der ganzen Welt, um die Philosophie in persönlichen Treffen diskutieren. Es gibt sogar Konferenzen für angewandten Stoizismus. Wenn Sie auf die Seite *Modernstoicism.com* gehen, erfahren Sie etwas über *Stoicon*, ein jährliches Treffen für Praktiker und philosophisch Interessierte (es findet weltweit an wechselnden Orten statt). *Stoicon* fällt mit der *Stoic Week* zusammen, eine Veranstaltung, die sich der Förderung des menschlichen Wohlbefindens durch die stoische Philosophie widmet. Ich möchte Ihnen eine solide Grundlage vermitteln, damit Sie allein zurechtkommen, aber wie gesagt, es gibt da draußen eine immer größer werdende Community, an der Sie teilhaben können.

Der Stoizismus ist für jeden da: Er besagt, dass alle Menschen eine Familie sind und wir alle einen liebevollen, respektvollen Umgang verdienen. Der Stoizismus sagt zudem, dass jeder Mensch die Fähigkeit besitzt, ein Leben in Weisheit zu leben. Bereits in der Antike erreichte die Philosophie ganz unterschiedliche Menschen. Wie schon erwähnt, war der stoische Lehrer Epiktet ursprünglich ein Sklave, während der Praktiker Mark Aurel ein Imperium führte. Hieran sehen wir: Der Stoizismus war schon immer für jeden offen. Obwohl der Stoizismus in ausgesprochen patriarchalischen Gesellschaften entstand, kommt in den stoischen Schriften deutlich zum Ausdruck, dass Frauen moralisch gleichwertig sind und ebenfalls in der Philosophie ausgebildet werden sollten. Dennoch finden wir bei den alten Stoikern vor allem Männer – oft wohlhabende Männer –, die durchaus dem Denken ihrer Zeit verhaftet waren. Zum Glück sind wir nicht an die griechischen und römischen Bräuche gebunden. Unsere moderne Community, eine vielfältige, lebendige und ständig größer werdende Gemeinschaft, setzt das Beste aus den stoischen Lehren um.

Zum Nachdenken

Wenn du ein Vorhaben in die Tat umsetzen willst, so erinnere dich beiläufig daran, von welcher Natur dieses Vorhaben ist. Wenn du zum Baden gehst, stelle dir vor, was in einem öffentlichen Bad gemeinhin geschieht, wie sie einander mit Wasser bespritzen, einander stoßen, schimpfen und bestehlen. So wirst du mit größerer Sicherheit zu Werk gehen, indem du dir selbst sagst: »Ich will jetzt baden, zugleich aber auch an meinem moralischen Grundsatz festhalten.« Handle so bei jedem Vorhaben. Auf diese Weise wirst du sogleich den Trost bei der Hand haben, wenn dir beim Baden etwas in den Weg kommt. Du wirst dir selbst sagen können: »Ich wollte ja nicht dies allein, sondern auch meinen moralischen Grundsatz festhalten. Ich werde ihn aber nicht festhalten, wenn ich mich über das Vorgefallene ärgere.«

Epiktet, Handbüchlein der Moral, 4

Kontinuierliche stoische Praxis verändert Ihren moralischen Charakter. Der fundamentale Fokus des Stoizismus hat genau diesen Charakter – die beste Version Ihres Selbst – zum Gegenstand, da er vollständig Ihrer Kontrolle unterliegt. Wenn Sie das nächste Mal etwas unternehmen, sagen Sie sich: »Ich möchte diese Aufgabe erledigen, und gleichzeitig möchte ich meine Harmonie bewahren.«

Fragen Sie sich selbst:

- Welche Probleme könnten bei der vor mir liegenden Aufgabe auftreten?
- Wie kann ich bei der Bewältigung dieser Probleme mein bestes Selbst bewahren und mit dem Leben in Harmonie bleiben?

Warum Stoizismus?

Jeder besitzt die Fähigkeit, sich weiterzuentwickeln. Ziel der stoischen Philosophie ist *Eudaimonía,* ein erfülltes Leben. Mit gezielten Übungen können Sie selbst im Angesicht großer Herausforderungen gelassen, freudvoll und mit viel Engagement leben. Sie werden feststellen, dass Sie weniger wütend, ängstlich und einsam sind, denn negative Gefühle können sich aufgrund Ihrer stoischen Geisteshaltung schlechter einnisten.

Ich arbeite als Ausbilder im Arbeitsschutz. Jeden Morgen fahre ich zu einem anderen Unternehmen in Oregon, um eine Gruppe von Menschen zu schulen, die ich noch nie gesehen habe. Mein morgendlicher Arbeitsweg kann zwischen 15 Minuten und drei Stunden betragen. Manche der Teilnehmer sind aufmerksam und neugierig, manche schauen heimlich auf ihre Telefone oder sind offensichtlich genervt, weil sie an der Schulung teilnehmen müssen. Darüber hinaus gibt es möglicherweise private Probleme, die mich davon ablenken, mein Bestes zu geben. Ich beginne meinen Tag mit einer stoischen Meditation, die mich daran erinnert, dass ich jedes Hindernis, das mir begegnet, überwinden kann. Ich besitze mentale Werkzeuge wie die *Dichotomie der Kontrolle*, die mir helfen, mich nur auf solche Dinge zu konzentrieren, die ich ändern kann. Der Stoizismus hat mir das *Festival-Mindset* an die Hand gegeben, das mir hilft, jede Menschenmenge als Festgesellschaft zu betrachten und zu genießen, was andere vielleicht frustrierend finden. Abends mache ich den *Tagesrückblick,* eine ungeschönte Selbstevaluation, die es mir ermöglicht, von Tag zu Tag besser zu werden. Bald werden Sie diese und andere Werkzeuge selbst beherrschen. Mit etwas Übung werden Sie das blühende Leben erlangen, das Ihnen der Stoizismus verspricht.

Bevor wir fortfahren, nehmen Sie sich einen Moment Zeit, um über die Merkmale eines stoischen Lebens nachzudenken. Das stoische Leben ist:

- blühend
- in gutem Fluss
- in Harmonie mit der Natur

Was bedeuten diese Begriffe jetzt, in diesem Moment für Sie? Wie könnte ein blühendes Leben in Übereinstimmung mit der Natur für Sie aussehen? Was könnten Sie heute tun, um sich dieser Vision anzunähern?

Stoizismus für alle

Wie Sie einen »guten Fluss des Lebens« definieren, hängt allein von Ihnen ab. Die Herausforderungen, mit denen Sie im Leben konfrontiert sind, sind wahrscheinlich ganz andere als die, die ich bewältigen muss. Zum Glück lassen sich die Werkzeuge des Stoizismus individuell anwenden. Zum Beispiel hat meine Frau Christy die stoische Philosophie während einer schwierigen Schwangerschaft angewendet. Die Ärzte hatten uns gewarnt, dass unsere Tochter vielleicht nicht lebensfähig sein würde und dass auch Christys Leben in Gefahr sei. Trotz dieser ungewissen Zukunft konzentrierte sie sich auf die Gegenwart und fand Freude im Hier und Jetzt. Sie richtete ihre Aufmerksamkeit auf Gedanken und Meinungen, die sie unter Kontrolle hatte und die sie davor bewahrten, von Ängsten überwältigt zu werden. Die stoische Geisteshaltung sorgte für Frieden inmitten des Aufruhrs. Menschen, die sich im Stoizismus üben, nutzen die Philosophie, um sich in Beziehungen voll und ganz einzubringen, in der Arbeit Erfüllung zu finden (oft *trotz* der Arbeit) und mit den Mühsalen des Alltags zurechtzukommen. Ich habe auch Stoiker kennengelernt, die mithilfe dieser Philosophie Sucht, chronische Schmerzen oder, wie ich, emotionale Probleme überwunden haben. Mit welchen Herausforderungen Sie auch immer konfrontiert sein mögen, der Stoizismus bietet Mittel und Wege, ihnen erfolgreich zu begegnen.

Mit einem klaren Blick auf sich selbst und indem Sie der einzigartigen Perspektive, die Ihnen der Stoizismus bietet, offen gegenübertreten und bereit sind, unablässig an sich zu arbeiten, haben auch Sie Zugang zu all diesen Vorzügen. Wie Musonius Rufus, ein römischer Lehrer des Stoizismus, sagte: »Daher muss dem Lernen der Lektionen, die zu jeder Tugend gehören, unter allen Umständen auch ihre Übung folgen, wenn wir von den Lehrsätzen selbst irgendwelchen Nutzen haben wollen.« Nachdem wir dies akzeptiert haben, wollen wir einen Blick auf die zahlreichen Werkzeuge werfen, die Ihnen zur Verfügung stehen.

Zum Nachdenken: Ein guter Moment

Nehmen Sie sich einen Moment Zeit und erinnern Sie sich an eine Situation, in der Sie sich zufrieden oder freudvoll fühlten.

- Was hat Ihrer Meinung nach dabei am meisten zu Ihrem Glück beigetragen?
- Welche innere Einstellung hat es Ihnen ermöglicht, diese positiven Emotionen zu erleben?
- Wie könnten Sie auch in anderen Situationen diese Geisteshaltung aktivieren, nicht nur in diesem speziellen Moment?

Das Handwerkszeug

Das elementarste stoische Werkzeug, das ich Ihnen an die Hand geben möchte, ist die *Dichotomie der Kontrolle.* Die Grundannahme ist, dass Sie einige Dinge unter Kontrolle haben und dass einige Dinge außerhalb Ihrer Kontrolle liegen. Stoiker teilen jede Situation danach ein und konzentrieren sich nur auf das Erstere. Es ist eine einfache und doch grundlegende Handlungshilfe für einen Stoiker. Mit ihrer Hilfe entscheiden Sie, worauf Sie Ihre Aufmerksamkeit richten, damit Ihr Handeln effektiv ist. Jede Übung, Meditation oder Handlung beginnt damit, dass Sie Ihre Aufmerksamkeit auf das lenken, was Sie kontrollieren können. Das stoische Training konzentriert sich auf drei Disziplinen und vier Tugenden.

- Mithilfe der Disziplinen bilden Sie Ihre stoische Grundhaltung aus.
- Die Tugenden definieren die Exzellenz des Charakters und vermitteln Ihnen eine Zielvorgabe.

Die drei Disziplinen wurden vermutlich von Epiktet entwickelt. Sie dienten der Vermittlung der stoischen Praxis und sollten dem Lehrplan seiner Schule eine Struktur geben. Sie waren so richtungsweisend, dass sie selbst Mark Aurel beeinflussten. Er bezieht sich in seinen Schriften unmissverständlich auf diese dreifache Perspektive.

Die vier Tugenden übernahmen die Stoiker aus einer auf Platon und Sokrates oder noch länger zurückgehenden Tradition.

Die Disziplinen

Hier ist ein kurzer Überblick über die drei stoischen Disziplinen, die wir uns in Kapitel 3 (Seite 45) im Detail ansehen werden.

- *Die Disziplin des Verlangens* bringt eine radikale Neuausrichtung Ihrer Werte mit sich, denn Sie lernen, nur das zu begehren, was sich in Ihrer vollständigen Kontrolle befindet. Wenn Sie Ihre Aufmerksamkeit auf diese Weise neu ausrichten, werden Sie nicht mehr Dingen hinterherjagen müssen, die zu Ihrem Glück nichts beitragen.
- *Die Disziplin des Handelns* betrifft Ihre Interaktionen mit anderen Menschen. Das Ziel ist es, gesunde, positive Beziehungen zu jedem Menschen zu suchen, dem Sie begegnen, auch wenn Ihr Gegenüber diese Haltung möglicherweise nicht erwidert.

- *Die Disziplin der Zustimmung* betrifft Ihre Gedanken über das Leben. Sie lernen, Ihre anfänglichen Reaktionen auf die Welt von Ihren endgültigen Urteilen über die Welt zu trennen. Sie weigern sich, mentale Pfade zu beschreiten, die zu einer negativen Sichtweise führen, und versuchen stattdessen, Ihre Gedanken mit Weisheit in Einklang zu bringen.

Innerhalb jeder Disziplin findet sich eine Vielzahl von Techniken, mit deren Hilfe Sie eine positive Einstellung entwickeln.

Überlegen Sie: Wie würde es sich anfühlen, eine durchweg positive Grundeinstellung einzunehmen?

Die Tugenden

Tugend ist die Kunst, mit der Welt in Harmonie zu leben. Im Stoizismus sind Sie genauso ein Teil der Natur wie alles andere auch. Das bedeutet, dass Sie lernen können, mit der Welt so zu interagieren, dass Ihre natürliche Menschlichkeit und Ihr einzigartiges Selbst am besten zum Ausdruck kommen. So gesehen zielt der Stoizismus also darauf ab, dass Sie die beste Version Ihres Selbst entwickeln. Die antiken Stoiker arbeiteten hauptsächlich mit vier Tugenden, die ihre Gedanken und ihre Handlungen anleiteten:

- Weisheit
- Mut
- Gerechtigkeit
- Mäßigung

Dies sind nicht alle stoischen Tugenden. Gerechtigkeit beispielsweise wird oft in die Unterkategorien Freundlichkeit und Fairness aufgeteilt.

Stellen Sie sich das folgendermaßen vor: Sie schicken weißes Licht durch ein Prisma und erzeugen viele unterschiedliche Farben, die aber alle vom selben Licht herrühren. So ist auch die Tugend eigentlich eins, kann durch bestimmte Facetten des Lebens aber differenzierter wahrgenommen werden. Zum Beispiel ist Weisheit eine Tugend, die sich auf Denkprozesse bezieht. Mut ist eine Tugend, die sich auf das Gefühlsleben bezieht. Gerechtigkeit ist eine Tugend, die sich auf die Beziehung zu anderen Menschen bezieht. Mäßigung ist eine Tugend, die sich auf unsere Entscheidungen bezieht. Jede erdenkliche Lebenssituation bietet die Möglichkeit, sich in Tugenden zu üben. Stehe ich auf, wenn ich bemerke, dass eine andere Person meinen Sitzplatz im Bus brauchen könnte? Ergreife ich die Chance, ein Problem mit einem Kollegen offen anzusprechen? Wenn Sie sich dafür entscheiden, die Tugenden in Ihr Handeln einfließen zu lassen, werden Sie Erfolg haben und in Harmonie leben.

Eine Kernüberzeugung, die das stoische Denken von den meisten anderen antiken – und modernen – Philosophien unterscheidet, ist, dass *einzig* die Tugenden gut sind. Anders ausgedrückt: Die Stoiker sagen, dass in allen Situationen allein die Tugend von Wert ist. Gerechtigkeit ist immer gut. Weisheit ist nie schlecht. Dinge, die viele für gut halten – Geld, Ruhm und sogar Gesundheit –, mögen zweifellos nützlich sein, können sich aber auch als schädlich erweisen. Der Stoizismus fordert Sie auf, sich auf die Tugendhaftigkeit zu konzentrieren, denn nur wenn Sie Ihr bestes Selbst finden, werden Sie die Dinge des Lebens auch auf die beste Weise nutzen.

Überlegen Sie: Was ist für Sie das höchste Gut im Leben?

Regeln für das Leben

Denken Sie daran: Ihre Gedanken gehören Ihnen – Ihnen allein. Wenn Sie sich auf positive Gedanken konzentrieren und Ihre Situation ausgewogen bewerten, werden Sie positive Gefühle entwickeln und dauerhaft ein freudvolles, gutes Leben führen. Sie werden eine negative Grundhaltung als das sehen, was sie ist: eine Verschwendung von Energie. Sie werden lernen, Angst, Wut und andere Sorgen nicht mehr zuzulassen. Sie werden feststellen, dass Sie Herausforderungen nicht nur überstehen, sondern dass Sie sie oft sogar als angenehm empfinden. Wenn Sie diese Richtung einschlagen, werden Sie mit Freude an Ihrem besten Selbst arbeiten. Dies alles erreichen Sie mit den richtigen Werkzeugen und dem Willen, sie auch zu nutzen.

Lassen Sie uns beginnen.

Zeitleiste der stoischen Denker

GRIECHISCHE STOA

FRÜH

300 v. Chr.

Zenon

Kleanthes

Chrysippos

Aristoteles

200 v. Chr.

MITTEL

0

Cicero

RÖMISCHE STOA

SPÄT

Seneca

Musonius

Epiktet

Mark Aurel

200 n. Chr.

Kapitel 2
Eine kurze Reise durch die Geschichte

Zenon hielt seine Vorträge, während er in der bemalten Halle, der Stoa, auf und ab wanderte … Dort versammelten sich also weiterhin seine Hörer und wurden darum Stoiker genannt, ein Name, der sich auch auf seine früheren Schüler, die sogenannten Zenoneer, übertrug.

Diogenes Laertius, Leben und Meinungen berühmter Philosophen, Buch 7

Der Stoizismus hat seinen Ursprung im alten Griechenland um 300 v. Chr., aber die Philosophie, wie wir sie heute kennen, wurde erst später von den Römern ausgestaltet. Ein Blick in das Leben der Menschen, die diese Philosophie entwickelten, kann uns helfen, sie neu zu würdigen. Die Stoiker waren Menschen aus Fleisch und Blut, genau wie wir. Wenn sie eine Philosophie über das menschliche Gedeihen entwickeln und praktizieren konnten, können wir das auch. Wir wollen nun einige der Persönlichkeiten kennenlernen, die hinter dieser Philosophie standen.

Vor dem Stoizismus

Bevor Zenon von Kition die Philosophie entwickelte, die dann zum Stoizismus wurde, beschäftigte er sich mit vielen anderen philosophischen Lehren. Zunächst wurde er von dem kynischen Lehrer Krates beeinflusst. Ein Kernsatz der Kyniker kommt Ihnen vielleicht bekannt vor: Der Sinn des Lebens ist es, in Tugend zu leben. Tugend bedeutete für die Kyniker, herkömmlichen Gelüsten zu entsagen. Zenon studierte auch den Platonismus bei Xenokrates und Polemon. Wie die Anhänger Platons verehrte Zenon den Philosophen Sokrates als vorbildlichen Menschen. Die Stoiker betrachteten sich als direkte philosophische Nachfahren des Sokrates. Zenon studierte außerdem die Megarianische Schule, die seinen Glauben an die Einheit der Tugend beeinflusst haben könnte. Unter dem Einfluss dieser und anderer Lehren schuf Zenon etwas Neues, eine Philosophie, die sich in den folgenden 500 Jahren weiterentwickelte und nie ganz in Vergessenheit geriet.

Die ersten Philosophen

Personen, deren Einfluss auf den Stoizismus bis heute anhält, sind im Folgenden chronologisch aufgelistet.

Zenon (circa 334–262 v. Chr.)

Das Glück ist ein guter Fluss des Lebens.

ZENON, ZITIERT NACH STOBAEUS

Was wir über Zenon von Kition, den Begründer des Stoizismus, wissen, stammt aus einer Biografie des antiken Historikers Diogenes Laertius. Als junger Mann soll Zenon einmal das Orakel konsultiert haben, um zu erfahren, was er tun müsse, um auf die beste Weise leben zu können. Die Antwort des Gottes war, dass er die Hautfarbe der Toten annehmen solle. Für ihn bedeutete die Antwort, dass er die Schriften der alten Denker studieren solle. Dadurch erblühte seine Liebe zur Philosophie.

Laut Diogenes Laertius war Zenon ein Kaufmann, der in einem Sturm Schiffbruch erlitten und alle seine Waren verloren hatte. Unsicher, was er nun mit seinem Leben anfangen sollte, machte sich Zenon auf den Weg nach Athen, ging zu einem Buchhändler und las einen Bericht über das Leben des Sokrates. Er war beeindruckt von dem, was er erfuhr, und fragte den Buchhändler, wo er Leute wie Sokrates finden könne. Just in diesem Moment kam der berühmte kynische Philosoph Krates von Theben vorbei. Der Buchhändler zeigte auf ihn und sagte: »Folgen Sie ihm.«

Wir wissen zwar nicht genau, was weiter geschah, aber wir wissen, dass Zenon um 312 v. Chr. in Athen ankam und dass er um 300 v. Chr. die stoische Schule gründete. Aus seinen platonischen Studien übernahm er die Dreiteilung von Logik, Physik und Ethik, obgleich sich seine Lehre der Physik deutlich von derjenigen Platons unterschied. In seiner Ethik übernahm Zenon viel von den Kynikern, allerdings nahmen die Stoiker die Askese weniger streng.

Zenon schrieb viele Bücher, von denen heute nur noch die Titel bekannt sind. Die frühen stoischen Werke wurden in philosophischen Säuberungen verbrannt oder gingen durch allgemeine Vernachlässigung und den Zahn der Zeit verloren. Unser Wissen über Zenon ist lückenhaft und stammt aus Zitaten und anderen Fragmenten. Wir wissen, dass Zenon das Buch *Politeia* verfasste, in dem er eine perfekte stoische Welt beschrieb. Zenon stellte für seine Zeit kühne Forderungen auf: Alle Menschen sollten als gleiche Bürger angesehen werden, was auch die Gleichheit von Mann und Frau einschloss. Zenon glaubte, dass alle Menschen den gleichen Zugang zur Tugend haben, aber nur wenige sie jemals vervollkommnen. Sokrates, Diogenes und die Mythengestalt des Herkules gehörten zu den wenigen, die Zenon als Weise, als wahrhaft Tugendhafte, hochhielt. Warum sich die frühe Bezeichnung Zenoneer nicht durchsetzte, mag daran liegen, dass Zenon nie von sich behauptete, vollkommen zu sein. Die Philosophie wurde stattdessen nach dem Ort benannt, an dem sie gelehrt wurde – der Stoa –, wo der Unterricht für jeden offen war.

Ariston von Chios (circa 300–260 v. Chr.)

Tugend ist die Gesundheit der Seele.

Ariston

Ariston war ein Zeitgenosse von Zenon. Seine Philosophie zeigt, wie sehr das stoische Denken von seinen Ursprüngen abwich. Für Ariston zählte allein die Ethik. Seine Ansichten setzten sich nicht durch, da Zenons Ideen durch den dritten großen Denker der stoischen Schule, Chrysippos, verfestigt und zum eigentlichen Stoizismus wurden. Auch wenn Ariston diesen antiken Kampf scheinbar verlor, finde ich, dass seine Entscheidung, Logik und Physik zugunsten praktischer Ethik fallen zu lassen, zu unserem modernen Geist passt.

Kleanthes (circa 330–230 v. Chr.)

Nach Zenons Tod übernahm sein Schüler Kleanthes die Schulleitung. Kleanthes war ursprünglich Faustkämpfer, wechselte aber die Laufbahn und wurde Philosoph, nachdem er Zenons Vorlesungen gehört hatte. Kleanthes schätzte körperliche Arbeit und verdiente sich seinen Lebensunterhalt während seiner Zeit als Zenons Schüler, aber auch später als Schulleiter durch harte Arbeit. Nachts arbeitete er als Wasserträger für einen Gärtner und bewässerte die Felder. Kleanthes leitete die Stoa über 30 Jahre lang und erweiterte und festigte eine Vielzahl von Zenons Lehren. Zenon forderte seine Schüler auf, »in Übereinstimmung« (mit der kosmischen Vernunftordnung) leben. Kleanthes fügte hinzu, »und gemäß der Natur«. Er soll mehr als 50 Werke geschrieben haben, aber auch hier sind nur Fragmente erhalten. Eines der längsten, bis heute erhaltenen Werke heißt *Hymne an Zeus*. Es gibt uns eine Vorstellung von der Beziehung der Stoiker zu ihrem Gott, dem Universum. Das folgende Gebet ist aus seiner Hymne:

> Wohin ihr mir verordnet zu gehen. Ich will euch folgen, ohne zu zögern; wollt' ich's nicht, müsst' ich dennoch folgen. Das Schicksal führt die Willigen, aber schleift die Unwilligen.
>
> Kleanthes zitiert in Epiktet, Handbüchlein der Moral, 53

Chrysippos (circa 279–206 v. Chr.)

Chrysippos war Schüler von Kleanthes und das dritte Oberhaupt der stoischen Schule. Wir wissen, dass er ein brillanter Philosoph war und dass er Zenons Lehren in einem Ausmaß vertiefte, dass er als zweiter Begründer des Stoizismus gilt. Diogenes Laertius sagte: »Ohne Chrysippos hätte es keine Stoa gegeben.«

Cicero (circa 106–43 v. Chr.)

Im Jahr 155 v. Chr. reiste das Oberhaupt der stoischen Schule in Begleitung weiterer Philosophen nach Rom. Dort hinterließen sie einen so starken Eindruck, dass Cicero, der berühmte römische Staatsmann und Redner, Mitte der 40er-Jahre v. Chr. mehrere Bücher über die Lehren der Stoa verfasste. Er betrachtete sich selbst nicht als Stoiker und setzte sich von ihrer Auffassung der Physik und anderen Lehrmeinungen ab, aber er praktizierte die stoische Ethik, und seine Werke vermitteln ein Wissen über die Stoa, das sonst verloren gegangen wären.

Seneca (circa 4 v. Chr.–65 n. Chr.)

Seneca war ebenfalls ein römischer Staatsmann, der Kaiser Nero in den Anfangsjahren seiner Herrschaft beriet. Seneca war praktizierender Stoiker und als Schriftsteller sehr produktiv. Er verfasste 124 Briefe über Moral und eine Vielzahl von Essays, die einen wesentlichen Teil des stoischen Denkens darstellen, zu dem wir heute noch Zugang haben.

Musonius Rufus (circa 30–100 n. Chr.)

Musonius Rufus war der Lehrer des berühmten Stoikers Epiktet. Bei Epiktet finden wir eine kleine Sammlung seiner Vorlesungen, die die stoischen Gedanken zu einer Reihe von Themen beleuchten, zum Beispiel was Stoiker essen sollten, wie sie sich kleiden und ihre Häuser einrichten sollten, und wie ihr Verhältnis zu Arbeit und Familie war. Epiktet schreibt über seinen Lehrer, dieser wollte nicht, dass die Schüler seine Worte loben; vielmehr sollten sie in kontemplative Stille verfallen. Wie Musonius sagte: »Der Hörsaal eines Philosophen ist wie das Sprechzimmer eines Arztes: Man soll aus ihm nicht fröhlich, sondern schmerzgebeugt herauskommen.«

Epiktet (55–135 n. Chr.)

Epiktet kennen wir, weil sein Schüler Arrian seine Vorträge in den *Unterredungen* und dem *Handbüchlein der Moral* aufgezeichnet hat. Epiktet war Sklave, erlangte jedoch die Freiheit und wurde ein stoischer Lehrer. Sein Einfluss auf den modernen Stoizismus ist kaum zu überschätzen: Vermutlich war er es, der die drei Disziplinen entwickelte. Als wahrer Stoiker war es ihm immer ein großes Anliegen, auf das Leben seiner Schüler einzuwirken. Er wollte nicht, dass sie das Auswendiglernen stoischer Texte mit der eigentlichen Arbeit an ihrem besseren Selbst verwechselten. »Wenn du in Harmonie mit dir selbst handelst, zeige es mir«, sagte er, »und ich werde dir sagen, dass du Fortschritte machst; aber wenn du nicht in Harmonie bist, gehe, und beschränke dich nicht darauf, Bücher zu erläutern, gehe hin und schreibe selbst einige Bücher. Was wird das dir geben?«

Mark Aurel (121–180 n. Chr.)

Sei nicht verärgert, niedergeschlagen oder mutlos, wenn nicht all deine Tage voll der weisen und ethischen Handlungen sind. Steh wieder auf, wenn du scheiterst. Und freue dich, wenn du dich menschlich verhältst – wenn auch noch unvollkommen. Nimm den Weg wieder auf, den du dir vorgenommen hast.

MARK AUREL, SELBSTBETRACHTUNGEN, 5.9

Von 161 bis 180 n. Chr. führte der römische Kaiser Mark Aurel ein privates philosophisches Tagebuch. Es ist heute unter dem Titel *Meditationen* oder *Selbstbetrachtungen* bekannt und eines der wichtigsten überlieferten Werke des Stoizismus. Durch Aurels Betrachtungen ist uns die stoische Geisteshaltung verständlich geworden. Seine Gedanken sind breit gefächert, aber er war auch jemand, der mit seinen eigenen Gedanken rang, praktische Weisheit suchte und als Kaiser stets Gerechtigkeit anstrebte. Er reflektierte sein Leben auch im Hinblick auf die Unermesslichkeit des Universums in Raum und Zeit. Mark Aurel zeigt uns, dass eine Person unabhängig von ihrem sozialen Status stoische Harmonie erlangen kann.

Quiz: Kennen Sie die großen Stoiker?

Können Sie sich an das Leben der Stoiker erinnern? Ordnen Sie den Philosophen die richtigen Lebensläufe zu.

Zenon von Kition	A. War erst Sklave, erhielt aber seine Freiheit und wurde Leiter der stoischen Schule.
Kleanthes	B. Ein römischer Staatsmann, dessen Briefe über Moral einen großen Teil der erhaltenen stoischen Schriften ausmachen.
Chrysippos	C. Ein schiffbrüchiger Kaufmann, der einen neuen Kurs einschlug und Philosoph wurde.
Seneca	D. Ein herausragender Philosoph, der als »der zweite Begründer des Stoizismus« gilt.
Epiktet	E. Römischer Kaiser, dessen privates philosophisches Tagebuch bis heute erhalten ist.
Mark Aurel	F. In seiner Jugend war er Faustkämpfer. Er verrichtete harte körperliche Arbeit, um seine stoischen Studien zu finanzieren.

Lösung auf Seite 147

Noch mehr Philosophen!

Die folgenden berühmten Denker gingen den Stoikern voraus, beeinflussten aber alle die stoische Philosophie auf die eine oder andere Weise.

Pythagoras (circa 570–495 v. Chr.)

Aus dem Matheunterricht erinnern Sie sich vielleicht an den Satz des Pythagoras. Vielleicht hat Ihr Mathelehrer Ihr Interesse damit geweckt, dass er ihnen erzählte, dass der Mathematiker Pythagoras auch ein religiöser Führer war. Seine politischen und religiösen Gedanken hatten großen Einfluss im antiken Griechenland und inspirierten viele Philosophen. Viele Texte der stoischen Philosophie beziehen sich auf Pythagoras und seine Goldenen Verse. Den Stoikern gefiel besonders eine pythagoreische Übung, die darin besteht, den eigenen Tag durch Fragen Revue passieren zu lassen: »Worin habe ich unrecht gehandelt? Was habe ich mit Liebe getan? Was habe ich versäumt?«

Sokrates (circa 470–399 v. Chr.)

Sokrates ist allgemein als Begründer der westlichen Philosophie bekannt. Die Stoiker führten ihre eigene Geschichte direkt auf diesen sagenumwobenen Mann und Vorzeigephilosophen zurück, obwohl sich ihre Lehre erst fast 100 Jahre nach seinem Tod entwickelte. Das Leben von Sokrates inspirierte Zenon von Kition, Philosoph zu werden. Unser Wissen von Sokrates stammt ausschließlich aus den Schriften anderer; er selbst schrieb überhaupt nichts nieder, sondern führte mit fast jedem, dem er begegnete, philosophische Dialoge. Viele von Sokrates' Gedanken – dass niemand Böses tun will, dass niemand freiwillig einen Fehler macht und dass Tugend zum Glücklichsein ausreicht – wurden in den Stoizismus übernommen.

Diogenes von Sinope (circa 412–323 v. Chr.)

> Und wie ist es möglich, dass ein Mann, der nichts hat, der nackt ist, ohne Haus, ohne Herd, armselig, ohne einen Diener, ohne eine Stadt, ein Leben führen kann, das leicht fließt? Siehe, Gott hat euch einen Mann geschickt, um euch zu zeigen, dass es möglich ist.
>
> Epiktet, über Diogenes von Sinope

Diogenes von Sinope begründete die kynische Philosophie. Wie Sokrates galt er den späteren Stoikern als Musterbeispiel für ein philosophisches Leben. Im Kynismus wurde jedoch mehr Askese praktiziert als im Stoizismus. Viele Kyniker wollten nur so viel Kleidung besitzen, wie sie auf dem Rücken tragen konnten, und sie malträtierten ihren Körper, um zu beweisen, dass sie über dem Unbehagen, also über dem Schmerz standen. Diogenes von Sinope selbst schlief in einem großen Keramikgefäß, das er auf einem Marktplatz gefunden hatte. Die kynische Vorstellung, dass alles außer der Tugend völlig gleichgültig ist, führte zu absichtlicher Armut und der Missachtung sozialer Normen. Der führende Gedanke dahinter: Wenn die Dinge an sich weder gut noch schlecht sind, warum sollte man sich dann um sie bemühen? Die Stoiker übernahmen vieles von dieser Sichtweise, meinten aber auch, dass es dennoch Dinge gibt, die es wert sind, sie zu erlangen. Diogenes von Sinope inspirierte die Stoiker, weil er bereit war, seine Überzeugungen konkret zu leben und in seinem Streben nach Weisheit die Gesellschaft kritisch zu hinterfragen.

Moderner Zynismus und antiker Kynismus

Beim Begriff »Zyniker« (oder »Zynismus«) denken wir an die moderne Bedeutung des Wortes und meinen eine Person, die argwöhnisch und bissig ist, auf spöttische Weise andere Menschen herabwürdigt und damit für ihr Weiterkommen gesellschaftliche Werte missachtet. Diese Definition von Zynismus ist so weit von der antiken Philosophie der Kyniker (das gleiche Wort wie Zyniker) entfernt, wie der heutige Begriff »stoisch« von den antiken Stoikern entfernt ist. Die Kyniker glaubten wie die Stoiker, dass der Sinn des Lebens darin bestand, ein tugendhaftes Leben zu führen. Aber sie lebten ihre Tugenden aus, indem sie so viele materielle Dinge wie möglich ablegten. Sie missachteten auch die meisten gesellschaftlichen Konventionen, doch nicht aus Eigennutz, sondern weil sie diese als Hindernisse für ein tugendhaftes Leben ansahen und ihr skandalöses Verhalten als Chance für andere sahen, ihre Umwelt zu hinterfragen.

Griechischstunde

Wenn Sie diese Begriffe, die von den Stoikern häufig verwendet wurden, verstehen, verstehen Sie auch ihre Lehre besser.

Eudaimonía, Substantiv: Glückseligkeit, menschliches Gedeihen.
Die Stoiker sehen im menschlichen Gedeihen den Sinn des Lebens. Sie definieren dies als »Leben gemäß der Natur«.

Prosoché, Substantiv: Aufmerksamkeit, Achtsamkeit.
Ein grundlegender Aspekt der stoischen Praxis ist eine fokussierte Aufmerksamkeit auf Ihre Denkprozesse.

Pathos, Substantiv: unvernünftiges Urteil; Störung des Geistes.
Die Stoiker glaubten, dass negative Gefühle durch unangemessene Urteile über die Welt entstehen. Mithilfe ethischer Praktiken trainieren wir, vernünftige Urteile zu fällen und das Pathos, auch Leidenschaft genannt, zu eliminieren.

Apatheia, Substantiv: vernünftiges Urteil; gesunder Zustand des Geistes.
Positive Gemütszustände, etwa Freude, entstehen aus vernünftigen Überzeugungen über – und Reaktionen auf – die Welt.

Arete, Substantiv: Tugend, Vortrefflichkeit.
Wenn Sie sich darin üben, nach persönlicher moralischer Exzellenz zu streben, wird Ihnen der Zugang zu Eudaimonía, dem blühenden Leben, eröffnet.

Adiaphora, Substantiv: Gleichgültiges.
Für die Stoiker gehören alle Dinge, die außerhalb ihrer Kontrolle liegen, in die Kategorie der »gleichgültigen« Dinge, die an sich weder gut noch schlecht sind. Ein wichtiger Teil der

stoischen Übung ist die Unterscheidung zwischen wirklich guten und gleichgültigen Dingen.

Oikeiosis, Substantiv: Verwandtschaft, Zugehörigkeit, Zuneigung.
Der Stoizismus arbeitet mit unserer natürlichen Zuneigung zu nahen Verwandten, die auf die Liebe zur gesamten Menschheit erweitert werden soll.

Die Anwendung der Theorie

Lassen Sie uns mit der Technik des Pythagoras Ihre jüngste Vergangenheit betrachten: das Gestern. Idealerweise üben Sie dies jeden Abend, kurz vor dem Einschlafen. Blicken Sie zunächst auf Ihren Tag zurück: Was war Ihrer Meinung nach schlecht? Was haben Sie gut gemacht? Und schließlich: Gibt es etwas, das Sie vergessen oder nicht erledigt haben, etwas, das Sie morgen angehen könnten? Feiern Sie Ihre Erfolge. Lernen Sie aus Ihren Fehlern, um morgen weiterzukommen.

Die Stoiker, die Sie gerade kennengelernt haben, haben eine praxisorientierte Philosophie entwickelt, die Ihnen zu einem erfolgreichen Leben verhelfen kann. In den nächsten beiden Kapiteln werden Sie die Werkzeuge anwenden, mit deren Hilfe die Stoiker Herausforderungen meisterten und Lebensharmonie erlangten.

Die stoischen Disziplinen liefern eine Struktur für das Verständnis des Stoizismus, und die Tugenden werden Ihrer philosophischen Praxis eine Richtung geben.

Teil II

Das emotionale Handwerkszeug

Kapitel 3
Denken wie ein Stoiker

Immer und überall steht dir die Möglichkeit offen, ein Ereignis voller Demut hinzunehmen, einen Menschen zu behandeln, wie er behandelt werden sollte, sich diesem Gedanken umsichtig zu nähern, damit kein Hauch von Unvernunft sich einschleicht.

MARK AUREL, SELBSTBETRACHTUNGEN, 7.54

Stoisch denken

Der Stoizismus gibt Ihnen Werkzeuge an die Hand, mit denen Sie Ihren Geist trainieren und ein erfolgreiches Leben führen können. Ein gesunder Geist ist Voraussetzung für eine positive Lebenseinstellung und Resilienz. Das einleitende Zitat dieses Kapitels spricht alle drei stoischen Disziplinen an. Die Disziplin des Verlangens hilft Ihnen, Ereignisse mit Demut zu akzeptieren, sich von alten Werten zu befreien, Mäßigung zu üben und Mut zu fassen, wenn Sie mit schwierigen Lebensumständen konfrontiert sind. Die Disziplin des Handelns fördert Ihre Liebe zur Gerechtigkeit und hilft Ihnen, Menschen mit angemessenem Respekt zu behandeln. Die Disziplin der Zustimmung verhilft

Ihnen zu einer rationalen Wahrnehmung und einer achtsamen Haltung.

Die Disziplinen sind ein Übungsprogramm für Ihr Gehirn und trainieren Ihren Geist, damit Sie ein maximal glückliches Leben führen können. Die stoische Geisteshaltung ist etwas Unerschütterliches. Sie entwickelt sich nicht, indem man sich von der Welt zurückzieht, sondern indem man sich vernunftbestimmt und wertschätzend der Gemeinschaft zuwendet. Es ist schließlich Ihr Ziel, in Harmonie zu leben, und Harmonie schließt andere Menschen mit ein. Nachdem Sie die Disziplinen kennengelernt haben, die den Stoizismus ausmachen, lernen Sie nun die Tugenden kennen. Die Disziplinen zeigen Ihnen, was Sie tun sollen, die Tugenden zeigen Ihnen das Warum.

Unverzichtbare Werkzeuge

Mithilfe der Disziplinen und den ihnen zugeordneten Tugenden entfalten Sie eine positive Geisteshaltung, die es Ihnen erlaubt, in jeder Situation Ihr bestes Selbst zu sein. Sie werden in der Lage sein, Ihr Gefühlsleben positiv und resilient zu gestalten und dauerhaft Gelassenheit und Freude zu empfinden. Betrachten Sie die Werkzeuge als ein Gerüst, an das Sie Ihre stoischen Gedanken anlehnen.

Die Disziplin des Verlangens: Wollen, was man hat

Solange du tust, was deiner Natur angemessen ist, und akzeptierst, was die Natur der Welt für dich bereithält, solange du dich unter allen Umständen um das Wohl der anderen bemühst – was könnte dir da schaden?

Mark Aurel, Selbstbetrachtungen, 11.13

Epiktet betrachtete die Disziplin des Verlangens als entscheidend, wenn Menschen sich zum ersten Mal mit dem Stoizismus beschäftigten. Er riet seinen Schülern, sich auf diesen Bereich zu konzentrieren, da sie sich als Stoiker nur fortentwickeln könnten, wenn sie durch ständiges Einüben dieser Disziplin eine gesunde Geisteshaltung entwickeln würden. Verlangen bedeutet, dass sich Ihr Geist auf etwas ausdehnt, das Sie wollen; es ist das Gegenteil von Abneigung (oder Angst), also dem Zurückweichen vor etwas.

Epiktet erklärte mit einem einfachen Lehrsatz, welchen Sinn es hat, das eigene Verlangen und die eigene Abneigung zu kontrollieren: Wenn Sie nie das bekommen, was Sie wollen, werden Sie nie glücklich sein, und wenn Sie mit etwas konfrontiert werden, dem Sie aus dem Weg gehen wollten, werden Sie ebenfalls Ihres Glückes beraubt. Dauerhaftes Glück entwickeln Sie, indem Sie sich darin üben, nur das zu wollen, was Sie auch wirklich bekommen können, und lediglich das zu fürchten, was Sie wirklich vermeiden können. Die Disziplin des Verlangens möchte Ihnen genau diese Geisteshaltung vermitteln, eine Geisteshaltung, die von den Herausforderungen des Lebens unberührt bleibt.

Stellen Sie sich zum Beispiel Passagiere in einem Flugzeug vor, die eine Turbulenz erleben. Alle machen eine ähnliche physische Erfahrung, aber jeder reagiert anders, und zwar aufgrund ganz unterschiedlicher Geisteshaltungen: Der Mann auf dem Fensterplatz wird vielleicht von Angst geschüttelt, während die Frau auf dem Mittelsitz vollkommen ruhig ist und die Person am Gang schläft. Physisch erleben sie alle das Gleiche – eine Erschütterung durch eine Turbulenz –, aber ihre Sichtweise darauf ist ganz unterschiedlich. Die angsterfüllte Person konzentriert sich auf bedrohliche Vorstellungen und sorgt sich über einen möglichen Flugzeugabsturz. Die ruhige Frau nutzt ihren Verstand anders. Als Stoikerin denkt sie vielleicht daran, dass sie die Zukunft nicht kennt und die Turbulenzen nicht kontrollieren kann. Sie macht sich vielleicht klar, dass Panik nicht dazu beiträgt, das Flugzeug in der Luft zu halten, aber sie weiß, dass Ängste handlungsunfähig machen können, was für sie selbst und andere ungünstig wäre, sollte die Situation eskalieren. Zwei Menschen in zwei sehr unterschiedlichen emotionalen Verfassungen. Welche Person von beiden würden Sie lieber sein?

Stoisch denken heißt zu wissen, was Sie kontrollieren können und was nicht. Sie fragen sich: Welche Wünsche kann ich immer verwirklichen und welche Dinge kann ich immer vermeiden? Die stoische Antwort lautet: Wenn Sie immer Ihr Bestes geben (also mit der Tugend leben) und wenn Sie moralische Fehler (Laster) vermeiden, dann werden Sie immer Erfolg haben, denn es sind genau diese Dinge, die Sie kontrollieren können.

Um sowohl mit Ihren Wünschen als auch mit Ihren Abneigungen zurechtzukommen, müssen Sie sich auf die Gegenwart konzentrieren. Die Dinge, die wir kontrollieren, sind hier, aktuell in diesem Augenblick. Seneca drückte es so aus: »Es gilt, sich von zwei Schwächen zu befreien; von der Furcht vor der Zukunft und von den Erinnerungen an vergangenes Leid; das Letztere berührt mich nicht mehr, das Erste noch nicht.« So viele unserer Wünsche und Ängste existieren lediglich in der Zukunft und doch gelingt es ihnen, unsere gegenwärtigen Gedanken zu belasten. Im Verlauf dieses Kapitels erfahren Sie, wie Sie die Gegenwart so »abschirmen«, dass Sie Ihre Energie auf das Hier und Jetzt konzentrieren können (siehe auch »Die Gegenwart einkreisen«, S. 50).

Indem Sie Ihre Wünsche, Ihr Verlangen beherrschen, lernen Sie auch, die Gegenwart, das Jetzt, zu akzeptieren. Wirksames Handeln im Jetzt funktioniert nur, wenn Sie auf das reagieren, was vor Ihnen liegt. Sich zu wünschen, dass die Dinge anders wären, ist reine Energieverschwendung. Der Philosoph Friedrich Nietzsche prägte den Begriff *Amor Fati,* die Liebe zum Schicksal. Dieser Gedanke zieht sich durch die gesamte stoische Philosophie. Wenn Sie die Welt so akzeptieren, wie sie ist, wird sich Ihr Verlangen nicht auf Dinge richten, die unerreichbar sind. Das heißt aber nicht, dass Sie nicht nach Besserem streben sollen, denn wieso gäbe es sonst die Tugend des Mutes? Aber wenn Sie sich nicht mit dem abfinden können, was in Ihrem Leben geschieht, werden Sie nicht glücklich sein können.

Indem Sie Ihr persönliches Leben in einem größeren, sogar universellen Kontext sehen, werden Probleme geradegerückt und negative Gedanken eingedämmt. Die Stoiker praktizierten eine Vielzahl von Techniken, um eine universelle Perspektive einzunehmen. Eine dieser Techniken stelle ich Ihnen im Folgenden vor. Schauen wir uns zunächst Übungen an, die sich aus der Disziplin des Verlangens ableiten.

Die Gegenwart einkreisen

> Dann erinnere dich, dass Vergangenheit und Zukunft keine Macht über dich haben. Nur die Gegenwart – und selbst diesen Einfluss kann man gering halten. Mach dir nur seine Grenzen klar.
>
> MARK AUREL, SELBSTBETRACHTUNGEN, 8.36

»Mach dir nur seine Grenzen klar« bezieht sich auf eine Übung, die wir heute *Die Gegenwart einkreisen* nennen. Mit ihrer Hilfe lassen sich Stress, Katastrophengedanken und andere Ängste abbauen. Um dies zu erreichen, lassen Sie sich gedanklich nur auf die Gegenwart ein und kapseln sich quasi von der Zukunft und der Vergangenheit ab. Atmen Sie durch. Lenken Sie Ihre Aufmerksamkeit auf den gegenwärtigen Moment. Die Vergangenheit ist vorbei. Die Zukunft ist nicht vorhersehbar. Lassen Sie ab von Zukunftsängsten, sie existieren nur in Ihrer Vorstellung. Handeln können Sie nur in der Gegenwart.

- Können Sie mit diesem Moment umgehen?
- Was können Sie jetzt aktuell tun, um positiv zu denken und zielgerichtet zu handeln?

Unendliche Möglichkeit

Wenn es sich bei Ihren Wünschen und Abneigungen um Gegenstände oder Situationen handelt, werden Sie alle Momente als »schlecht« empfinden, in denen Ihre Wünsche nicht erfüllt werden oder die Sie mit Dingen konfrontieren, die Sie lieber meiden würden. Hören Sie auf, sich auf Ergebnisse zu konzentrieren, sondern streben Sie danach, zu jedem Zeitpunkt Ihr Bestes zu geben. Dann werden Sie erkennen, dass jede Situation die Möglichkeit bietet, Tugend zu praktizieren.

Wenn Sie vor einer Herausforderung stehen, fragen Sie sich:

- Wie kann ich davon profitieren?
- Auf welche Tugend kann ich zurückgreifen, um mit dieser Situation umzugehen?

Innehalten und Vergleichen

> Wenn du von einem Vergnügen in Versuchung geführt wirst, so hüte dich davor, dich hinreißen zu lassen. Lass die Sache auf dich warten und gib dir etwas Zeit. Alsdann vergegenwärtige dir die beiden Momente, sowohl denjenigen, in dem du das Vergnügen genießen wirst, als auch denjenigen, in dem du, sobald das Vergnügen vorüber ist, Reue fühlen und dir selbst Vorwürfe machen wirst. Und dem stelle nun gegenüber, wie du dich freuen und dich selbst loben wirst, wenn du der Versuchung widerstehst.
>
> Epiktet, Handbüchlein der Moral, 34

Wir alle leben Begierden aus, die uns schaden oder die ungesund für uns sind. Vielleicht ist es schwer, das Verlangen nach bestimmten Dingen zu überwinden. Doch manchmal kann man der Versuchung widerstehen, indem man die betreffende Situation einfach meidet. Die Stoiker ermahnen uns ständig, das Glück nicht dem Zufall zu überlassen. Sie werden immer wieder Situationen erleben, in denen Sie eine Entscheidung treffen müssen.

Dies ist der Moment, in dem Sie *innehalten und vergleichen* sollten. Als ersten Schritt überlegen Sie, wie Sie die Entscheidung hinauszögern können. Können Sie die Situation für einen Moment verlassen? Können Sie innehalten und einmal tief durchatmen? Geben Sie sich Zeit zum Nachdenken. Dann wägen Sie die zwei Möglichkeiten ab: der Versuchung nachzugeben und den Genuss zu wählen oder der Versuchung zu widerstehen und die Exzellenz (Tugend) zu wählen. Denken Sie daran, dass der Genuss sowohl den Moment umfasst, in dem Sie sich ihm hingeben, als auch Empfindungen, die Sie im Anschluss über sich selbst haben. Mit dieser Übung lernen Sie, anfängliche Impulse zu überwinden und eine durchdachtere Entscheidung zu treffen.

Der Blick von oben

Setzen Sie sich bequem hin, schließen Sie die Augen und blicken Sie im Geist von oben auf sich herab. Treten Sie nun in Ihrer Vorstellung einen Schritt zurück und betrachten Ihre unmittelbare Umgebung. Treten Sie dann noch weiter zurück und betrachten Ihre Stadt, Ihr Land, die Welt, vielleicht sogar das Universum. Setzen Sie dabei in jeder Phase Ihre Probleme in Beziehung zu dem, was Sie sehen. Beachten Sie, dass auch andere Menschen mit Problemen zu kämpfen haben. Verstehen Sie, dass die Welt nicht nur Sie im Blick hat und Ihre Fehler nicht von allen gesehen werden. Lassen Sie einen Moment lang Ihre Sorgen in der Ferne verblassen. Finden Sie Frieden in der Welt und dem kleinen Teil der Welt, in dem Sie sich befinden.

- Gibt es etwas in Ihrem Leben, das Sie vor dieser Übung wirklich wollten oder fürchteten, jetzt aber nicht mehr?
- Warum hat sich das geändert?

Zum Nachdenken

Lass nicht zu, dass die Idee von der Gesamtheit deines Lebens deine Vorstellungskraft erdrückt. Mal dir nicht alles Schlechte aus, das dir passieren könnte. Bleib bei der aktuellen Situation und frage dich: »Warum ist das so unerträglich? Warum kann ich es nicht aushalten?« Die Antwort darauf wird dir peinlich sein.

Dann erinnere dich, dass Vergangenheit und Zukunft keine Macht über dich haben. Nur die Gegenwart – und selbst diesen Einfluss kann man gering halten. Mach dir nur seine Grenzen klar. Und wenn dein Geist dir einreden will, dass du dagegen nicht bestehen kannst … nun, dann tadle ihn entsprechend.

Mark Aurel, Selbstbetrachtungen, 8.36

Dieses Zitat veranschaulicht treffend das *Einkreisen der Gegenwart*. Denken Sie an eine Situation, über die Sie sich einmal große Sorgen machten, hinterher aber feststellten, dass die Sorge übertrieben war. Diese Situation dient Ihnen nun als Übung. Stellen Sie sich vor, dass Sie die Situation tatsächlich durchleben, während Sie diese Technik anwenden.

- Wie hätten sich die Dinge verändert, wenn Sie Ihre Energie auf die Gegenwart fokussiert hätten, anstatt sich ständig über die Zukunft Gedanken zu machen?

Die Disziplin des Handelns: Was Sie tun

> Zeige Gemütsruhe den Dingen gegenüber, die von äußeren Ursachen herkommen. Zeige Gerechtigkeit den Dingen gegenüber, die du selbst herbeiführst. Das heißt, dein Streben und dein Handeln sollen kein anderes Ziel haben als das Wohle aller; denn das ist deiner Natur gemäß.
>
> Mark Aurel, Selbstbetrachtungen, 9.31

Wir müssen in diesem Leben Entscheidungen treffen und auch manches Risiko eingehen. Trotzdem bedeutet zu handeln nicht zwangsläufig, dass Sie bekommen, was Sie wollen. Wie können Sie in Harmonie leben, wenn auch Versagen eine Möglichkeit ist? Die Disziplin des Handelns beschäftigt sich mit der Tugend der Gerechtigkeit, die wir im nächsten Kapitel näher untersuchen werden. Diese Disziplin verlangt drei Dinge von Ihnen:

- Lernen Sie erstens, Handlungen mit einer »Vorbehaltsklausel« durchzuführen (mehr dazu in Kürze).
- Lernen Sie zweitens, so zu handeln, dass sowohl Sie als auch andere davon profitieren.
- Entwickeln Sie drittens ein gesundes Wertesystem, das Sie befähigt, im Sinne der Gerechtigkeit zu handeln.

Epiktet illustrierte die Gerechtigkeit mit folgender Geschichte. »Welcher Mensch unter uns bewundert nicht Lykurg dem Lakedämonier? Als Lykurg ein Auge ausgestoßen wurde und man ihm den Täter zur beliebigen Bestrafung übergab, strafte er ihn nicht, sondern erzog ihn zu einem guten Menschen. Als er ihn dann in die Versammlung mitnahm und sich alle darüber wunderten, sagte er: ›Einen Frevler und Übeltäter habt ihr mir mit diesem Mann übergeben, als bescheidenen und ehrlichen Bürger bringe ich ihn euch zurück.‹«[1]

Dieses Beispiel stellt den Höhepunkt stoischer Gerechtigkeit dar. Die geschädigte Person bemüht sich, den Täter zu heilen, anstatt Bestrafung zu fordern. Vielleicht liegt dieser Gerechtigkeitssinn weit außerhalb dessen, was Sie sich für sich vorstellen können. Aber gibt es etwas, das Sie tun können, von dem alle profitieren?

Die Vorbehaltsklausel

Wie bleiben Sie zentriert, wenn eine beabsichtigte Handlung keinen Erfolg hat? In diesem Fall können Sie die stoische Vorbehaltsklausel anwenden. »Ich werde heute Nachmittag Unkraut in meinem Garten jäten, wenn nichts dagegenspricht.« Der Nachsatz, »wenn nichts dagegenspricht«, hat enorm viel Macht. Ich kann nicht mit Sicherheit sagen, dass ich heute Nachmittag dazu komme, Unkraut zu jäten: Es könnte regnen; eine dringendere Angelegenheit könnte auftauchen. Wenn ich nicht dazu komme, Unkraut zu jäten, obwohl ich gesagt habe, ich würde es tun, bin ich womöglich frustriert, wenn es nicht klappt. Natürlich fallen Ihnen viele andere Tätigkeiten ein, die der Gartenarbeit im Wege stehen könnten. Der Satz »wenn nichts dagegenspricht« ermöglicht es Ihnen, eine stoische Perspektive einzunehmen. Ich möchte etwas Bestimmtes tun, weiß aber, dass ich das Ergebnis nicht kontrollieren kann. Wenn Sie die Vorbehaltsklausel konsequent

1 übernommen aus: https://www.stoiker.net/2016/09/mensch-argere-dich-nicht-praktische-stoa/

anwenden, finden Sie Halt, auch wenn das eine oder andere Projekt von den Umständen des Lebens zum Scheitern gebracht wird.

Die Liebe zu den Menschen prägt alle stoischen Handlungen. Die frühen Stoiker betrachteten jeden Menschen als Teil eines einzigen Organismus, als wären sie alle Zellen ein und desselben Körpers. Mark Aurel sagte, wir seien dazu geschaffen, wie die obere und untere Zahnreihe zusammenzuarbeiten. Er sagte auch, dass Handeln gegen andere ein aufrührerischer Akt sei, der uns aus unserer natürlichen Gemeinschaft herausreiße. Im nächsten Kapitel werden wir über Gerechtigkeit sprechen und unsere Liebe zu den Menschen näher ausführen.

Zum Nachdenken

> Tu dein Bestes, um die Menschen zu überzeugen. Wenn aber die Gerechtigkeit es erfordert, dann handle nach deinem Willen. Tritt man dir gewaltsam entgegen, so greif auf deine Akzeptanz und Friedfertigkeit zurück. Nutze den Rückschlag, um dich in anderen Tugenden zu üben. Vergiss nicht, dass unsere Bemühungen stets den Umständen unterworfen sind. Du hast ja nicht nach Unmöglichem gestrebt. »Wonach denn dann?«
>
> Du wolltest einen Versuch unternehmen. Und das hast du geschafft. Was du dir vorgenommen hast, ist gelungen.
>
> Mark Aurel, Selbstbetrachtungen, 6.50

Wann gibt ein Stoiker auf? Warum sollte man ein Projekt aufgeben, wenn man die Welt als etwas Gleichgültiges betrachtet und den Mut hat, gegen alle Widerstände zu handeln? In seinem Zitat weist Mark Aurel darauf hin, dass Widerstand gegen unser Handeln manchmal eine Neubewertung unserer Optionen erzwingt. Für dieses Dilemma stellt er uns zwei

Lösungsmöglichkeiten zur Verfügung, die wir als *unendliche Möglichkeit* und als *Vorbehaltsklausel* bezeichnen. Die unendliche Möglichkeit erinnert uns daran, dass jede Herausforderung eine Chance darstellt, sich in Tugend zu üben. Für den Kaiser ist sein gescheiterter Versuch, Gerechtigkeit auszuüben, eine Gelegenheit, sich der Zufriedenheit und Gemütsruhe zuzuwenden. Mithilfe der Vorbehaltsklausel zeigt er, dass er in Wirklichkeit nie gescheitert ist. Er hoffte auf ein bestimmtes Ergebnis, wollte aber auch gut handeln und im Einklang mit seinem Selbst bleiben. Er wollte sein Bestes geben und das ist ihm gelungen.

Wenn Sie entscheiden müssen, ob Sie ein bestimmtes Projekt aufgeben sollen oder nicht, fragen Sie sich zwei Dinge:

- Habe ich mein Bestes gegeben?
- Welche Möglichkeiten habe ich in dieser neuen Situation, um mein bestes Selbst zu sein?

Danach tun Sie, was der Weisheit gemäß am besten ist.

Zwei Missionen

Die *Vorbehaltsklausel* haben Sie bereits kennengelernt. Doch es ist nicht die einzige Formel, die Sie schnell mit dem stoischen Denken vertraut macht. Die nächste Übung nenne ich *zwei Missionen.* Die stoische Geisteshaltung ermöglicht Ihnen, trotz aller Herausforderungen ein glückliches Leben zu leben. Diese Technik erinnert Sie an Ihr Ziel, ein tugendhaftes und befriedigendes Leben zu führen. Hier ein Beispiel:

Denken Sie ans Autofahren. Vielleicht herrscht gerade viel Verkehr, Sie geraten möglicherweise in einen Stau oder biegen falsch ab. Denken Sie in dieser Situation daran, dass Sie zwar weiterfahren wollen, aber auch weiterhin zufrieden sein möchten. Wann immer Sie etwas vorhaben, denken Sie darüber nach, was auf Sie zukommt und welche Hindernisse auftauchen könnten. Dann formulieren Sie Ihr höheres Ziel: »Ich möchte auch zufrieden sein.« oder »Ich möchte im Einklang mit dem Leben sein.« oder »Ich möchte mein bestes Selbst schützen.«

Zwei Möglichkeiten zu handeln

> Jede Sache hat zwei Seiten, von denen sie genommen werden kann: Von der einen ist sie erträglich, von der anderen nicht. Tut dir zum Beispiel dein Bruder unrecht, so nimm es nicht von der Seite auf, dass er dich beleidigt – das ist seine Seite, von der es für dich nicht erträglich ist. Nimm es vielmehr von der Seite, dass er dein Bruder ist, deine Familie; dann fassest du die Sache da an, wo sie hebhaft ist.[2]
>
> Epiktet, Handbüchlein der Moral, 43

Dass Sie stets zwei Möglichkeiten haben zu handeln, soll Sie daran erinnern, dass es an Ihnen liegt, wie Sie mit einer Herausforderung umgehen. Im Beispiel von Epiktet können Sie Unrecht mit Unrecht vergelten oder Sie können sich entscheiden, Ihr besseres Selbst zu sein. Die Entscheidung liegt immer bei Ihnen. Denken Sie in jeder

---

[2] in Anlehnung an https://www.projekt-gutenberg.org/epiktet/moral/moral.html

Situation, insbesondere in schwierigen Situationen, daran, dass es zwei Möglichkeiten des Handelns gibt, und wählen Sie die bessere.

Die Morgenmeditation

Im Verlauf des Buches werden Sie lernen, andere Menschen zu lieben, im Moment aber möchte ich, dass Sie daran arbeiten, sie einfach zu dulden. Mark Aurel erzählt uns von einer erfolgreichen Morgenmeditation, die uns darin unterstützt, den Stoizismus direkt mit dem Aufwachen zu praktizieren. Lesen Sie das folgende Zitat aus seinen Selbstbetrachtungen (2.1), und passen Sie es Ihren eigenen Umständen an. Beginnen Sie Ihren Tag mit diesen Gedanken und erinnern Sie sich daran, wenn Sie mit schwierigen Aufgaben konfrontiert sind.

> Wenn du morgens aufwachst, sage zu dir selbst: Die Menschen, mit denen ich heute zu tun bekomme, werden übergriffig, undankbar, unverschämt, unehrlich, eifersüchtig und verdrießlich sein. Sie sind so, weil sie gut von böse nicht unterscheiden können. Ich aber habe die Schönheit des Guten gesehen und die Hässlichkeit des Bösen. Ich habe erkannt, dass jener, der unrecht tut, keine andere Natur besitzt als ich selbst – er mag nicht vom selben Blut sein, vom selben Geschlecht, aber er hat denselben Geist. Auch in ihm lebt ein Funke des Göttlichen. Daher kann keiner dieser Menschen mich verletzen. Niemand kann mich in Hässliches hineinziehen. Daher kann ich auf meine Brüder keine Wut empfinden oder sie gar hassen. Wir sind geboren, um zusammenzuwirken wie ein Paar Füße, Hände oder Au-

> gen. Wie die zwei Reihen der Zähne oben und unten. Sich gegenseitig Steine in den Weg zu legen ist unnatürlich. Zorn auf jemanden zu empfinden und ihm den Rücken zuzukehren: Das sind bloß Hindernisse.

Denken Sie an eine Person, die so handelt, dass alle davon profitieren, nicht nur sie selbst. Was, glauben Sie, beeinflusst die Entscheidungen dieser Person?

Die Disziplin der Zustimmung: Sich selbst akzeptieren

> Nicht die Dinge selbst, sondern die Meinungen von den Dingen beunruhigen die Menschen.
>
> Epiktet, Handbüchlein der Moral, 5

Die Disziplin der Zustimmung richtet Ihre Aufmerksamkeit auf Ihre Denkprozesse und schult Sie in gesundem Denken. Im Stoizismus bedeutet Zustimmung, erhaltene Informationen zu bejahen. Der Stoizismus fordert Sie auf, innezuhalten und darüber nachzudenken, wie Sie auf das Leben reagieren, anstatt Ihr Leben von Instinkt und Gewohnheit bestimmen zu lassen.

Es gibt eine Geschichte, die von einem stoischen Lehrer handelt, der auf einem Schiff in einen gewaltigen Sturm geriet. Es bestand die Gefahr, dass das Schiff kentern und die Menschen auf dem Schiff ertrinken würden. Einem Mitreisenden fiel auf, dass der Stoiker wie alle anderen auch blass wurde. Im Gegensatz zu den anderen zeigte der Stoiker jedoch keine Angst. Nachdem der Sturm vorüber war, fragte der Mitreisende den Stoiker. »Es sah aus, als hätten Sie Angst, ich sah, wie Ihr Gesicht blass wurde.

Ist das nicht gegen Ihre Lehre?« Der Stoiker erklärte, dass unsere ersten Reaktionen nicht von uns abhingen, sondern natürliche Reaktionen auf ein plötzliches Ereignis seien. Der Stoizismus hatte den Lehrer gelehrt, lediglich die Tatsache zu akzeptieren, dass ein Sturm stattfand. Andere Gedanken, wie »das ist gefährlich« oder »wir werden ertrinken«, akzeptierte er nicht und konzentrierte sich stattdessen darauf, Menschenleben zu retten. Wenn Sie Ihre Gedanken auf diese Weise steuern, müssen Sie sich nicht mehr stressen lassen und können Ihre Energie auf das konzentrieren, was Sie unter Kontrolle haben.

Die Disziplin der Zustimmung erfordert Aufmerksamkeit. Zustimmung betrachteten die Stoiker als einen dreistufigen Prozess:

- Zuerst stößt Ihnen etwas zu (Ersteindruck).
- Als Nächstes erkennen Sie, was passiert ist (objektive Darstellung).
- Schließlich fügen Sie dem Geschehen Ihre eigene Sichtweise hinzu (Werturteil).

Es ist eine einfache Vorgehensweise, die uns aber ohne Übung leicht in die Irre führen kann. Sie haben bereits mehrere Techniken gelernt, von kurzen Sätzen bis hin zu längeren Meditationen, die Sie sehr bewusst einsetzen müssen. Wenn Sie gar nicht bemerken, wie angespannt Sie sind, wenn jemand Sie schroff anspricht, wie wollen Sie die Anspannung dann auflösen?

Nehmen wir folgendes Beispiel. Sie sind allein zu Hause und hören draußen ein Geräusch. Der Ersteindruck ist die Wahrnehmung des Geräuschs und Ihre Bauchreaktion. Die objektive Darstellung besteht darin, dass Sie sich sagen: »Ich habe draußen gerade ein Geräusch gehört.« So weit, so gut, Sie haben einfach die Realität des Ereignisses erkannt, ohne ihr etwas hinzuzufügen. Was geschieht, wenn Ihr nächster Schritt, das Werturteil, Sie dazu bringt zu sagen: »Ich bin in Gefahr«? Sie haben diesen Gedanken hinzugefügt, obwohl er womöglich gar nicht wahr ist. Genau an diesem Punkt, während des Werturteils, ergehen Sie sich in ungesunden Gedanken und bauen möglicherweise Angst und Stress auf. Die Disziplin der Zustimmung fordert Sie auf, nach dem zweiten Schritt erst einmal innezuhalten. Nehmen Sie die objektive Darstellung zur Kenntnis, aber sagen Sie nein zu allen anderen Gedanken, die auf dieser Erkenntnis aufbauen. Geben Sie sich stattdessen Zeit, um die Situation besser beurteilen zu können.

Du bist nur eine Vorstellung

»Du bist nur eine Vorstellung, und durchaus nicht das, als was du erscheinst.« Diesen Satz hat uns Epiktet speziell als Hilfe für die Disziplin der Zustimmung gegeben. Bevor Sie ein vernichtendes Werturteil fällen, halten Sie inne und wiederholen Sie diesen Satz. Sagen Sie Nein zu Ihrem Urteil, bis Sie es weiter geprüft haben.

Das Einklammern

Eine weitere Methode innerhalb der Disziplin der Zustimmung besteht darin, den ersten Eindruck einzuklammern, das heißt, ihn von allem anderen abzutrennen, um das Urteil hinauszuzögern. Betrachten Sie das Ereignis nüchtern, nehmen Sie es als das, was es ist. Anschließend können Sie mehr darüber sagen. Stellen Sie grundlegende stoische Fragen, etwa: »Habe ich es unter Kontrolle?« Dies ermöglicht Ihnen eher, einen klaren Kopf zu behalten und ein fundiertes Urteil zu fällen.

Das Einkreisen des Selbst

Diese Übung ähnelt dem Einkreisen der Gegenwart aus der Disziplin des Verlangens. Jetzt vergegenwärtigen Sie sich, was das Wichtigste an Ihnen ist, nämlich Ihre Fähigkeit, Ihre Gedanken, Handlungen, Wünsche und Abneigungen zu kontrollieren. Trennen Sie diese Selbstbetrachtung gedanklich vom Rest der Welt und denken Sie daran, dass Sie nur diesen Teil von sich vollständig unter Kontrolle haben. Nehmen Sie sich einen Moment Zeit und denken Sie nur an diesen Teil von Ihnen: Ihren Willen, der Ihre Gedanken und Handlungen lenkt. Befreien Sie sich von äußeren Einflüssen, damit Sie die für Sie beste Handlungsweise wählen können.

Mit der Disziplin der Zustimmung ist die Tugend der Weisheit verbunden. Nach dem, was Sie bis hierher gelernt haben: Wie sehen Sie die Weisheit in Bezug auf diese Techniken?

Zum Nachdenken: Ein guter Moment

Betrachten Sie die bisher vorgestellten Übungen. Welche können Sie jederzeit anwenden und welche funktionieren besser, wenn Sie sie fest in Ihren Alltag integrieren?

____

____

____

____

____

Zustimmung, Verlangen und Handeln

In der Wirklichkeit ist das Leben chaotisch, und die Disziplinen lassen sich kaum einzeln anwenden. Die meisten Probleme, die Ihnen begegnen, werden erfordern, dass Sie die Zustimmung richtig einsetzen, Ihr Verlangen korrekt ausrichten und bestmöglich handeln.

Stellen Sie sich vor, eine Ihnen fremde Person schreit Sie an. Möglicherweise erschrecken Sie oder werden rot. Um kein falsches Urteil zu fällen, können Sie in diesem Fall auf die zuvor beschriebenen Übungen zurückgreifen, zum Beispiel auf die *Vorstellung* und das *Einklammern.* Die Disziplin des Verlangens zu beherrschen, bedeutet nicht, Konflikte zu vermeiden, sondern auf einen Konflikt nicht unangemessen zu reagieren. Dies zählt zu den *unendlichen Möglichkeiten*, sich in tugendhaftem Verhalten zu üben. Die Technik der *Zwei Missionen* hilft Ihnen, sich zu zentrieren. Wenn Sie zudem die *Morgenmeditation* gemacht haben, sagen Sie sich vielleicht: »Ich habe gewusst, dass so etwas passieren kann, und ich bin vorbereitet.«

Nehmen Sie sich für die einzelnen Disziplinen Zeit und üben Sie sie separat. Im Alltag jedoch müssen Sie sich für ein auf die jeweilige Situation passendes Werkzeug entscheiden. Je mehr Sie üben, desto eher stehen Ihnen die jeweils geeigneten Werkzeuge zur Verfügung. So ausgerüstet werden Sie auch im Alltag Herausforderungen meistern und in Harmonie bleiben.

> Es ist genug: das Urteil, das du über die Realität fällst – solange es objektiv ist; die Handlung, die du wählst, solange sie zum Wohle aller ist; die innere Haltung, in der du dich befindest, solange du mit allem zufrieden bist, was aus natürlichen Ursachen sich ereignet.
>
> MARK AUREL, SELBSTBETRACHTUNGEN, 9.6

Überlegen Sie einen Moment, auf welche Weise Sie die Disziplinen üben möchten. Mit welcher Übung möchten Sie morgen beginnen, um die stoische Geisteshaltung zu verinnerlichen?

Das Gegenteil von Disziplin

Philosophische Techniken sind hilfreich, aber sie sind nicht das Ziel. Der Stoizismus ist keine Checkliste. Sie können nicht einfach die Techniken abhaken, die Sie einmal ausprobiert haben, und sagen: »Das war's, ich habe den Stoizismus bezwungen.« Erforschen Sie stattdessen Ihren Geist. Sind Ihre Absichten tugendhaft? Gewinnen Sie Perspektiven für Ihr Handeln? Entwickeln Sie sich weiter? Nur wenn Sie diese Fragen mit Ja beantworten können, üben Sie die Disziplinen effizient aus.

Während Sie sich in der stoischen Praxis weiterentwickeln, erwarten Sie vielleicht von anderen Menschen dasselbe. Widerstehen Sie diesem Drang. Halten Sie sich zurück, messen Sie sich nur an sich selbst. Ich habe bereits selbst ernannte Stoiker erlebt, die ihre Mitmenschen schonungslos kritisiert haben, weil es diesen an Vernunft mangelte oder weil sie bereit waren, negative Gefühle zu akzeptieren. Vielleicht offenbart sich jemand in einem stoischen Umfeld mit den Worten: »Ich kämpfe mit Angstzuständen und weiß nicht, was ich tun soll.« Die Antworten lauten dann vielleicht: »Hör einfach auf, Angst zu haben.« oder sogar: »Sei nicht so schwach.« Sie merken hoffentlich, wie unsensibel solche Antworten sind. Epiktet sagte: »Was immer wir also als gleichzeitig liebevoll und mit der Vernunft vereinbar erkennen, das erklären wir getrost für richtig und gut.« (*Unterredungen*, Kapitel 1.1) So wie sich Ihre Vernunft und Urteilskraft erweitert, soll sich auch Ihr Mitgefühl erweitern. Es ist nicht gut, andere zu beschämen, nur weil sie nicht den gleichen Weg gehen wie Sie.

Sie werden jetzt die formalen Disziplinen hinter sich lassen und sich der Kunst der Tugend zuwenden. Die bisherigen Übungen hatten das Ziel, Ihre persönliche Exzellenz, auch Tugend genannt, zu entwickeln. Für den Stoiker ist die Tugend das einzige absolut Gute, das einzige wirklich Gesunde, der einzige Weg, auf dem er sich weiterentwickeln kann. Sie brauchen das Wissen über die Disziplinen, wenn wir uns im nächsten Kapitel mit den wesentlichen Aspekten dieser mentalen Praktiken beschäftigen.

Kapitel 4
Handeln wie ein Stoiker

Höre nicht auf zu zimmern an deinem Bilde, bis an dir der göttliche Glanz der Tugend hervorleuchtet.

PLOTIN, ENNEADEN, I.6.9

Stoisches Handeln

Im vorherigen Kapitel haben Sie Werkzeuge kennengelernt, die Ihnen bei der Bewältigung des Alltags helfen. Jetzt werden Sie herausfinden, woran Sie arbeiten sollten. Wie sieht die beste Version Ihres Selbst aus? Wie fühlen Sie sich? Welche Handlungen führen Sie aus? In welcher Beziehung stehen Sie zu anderen Menschen? Während wir Tugenden sichtbar machen, werden Sie sich ein Bild davon machen können, wie persönliche Exzellenz für Sie selbst aussieht.

Tugend bedeutet Exzellenz des Charakters, also die beste Version Ihres Selbst. Die Stoiker benutzten viele Metaphern, um die Tugenden zu veranschaulichen. Ich schätze vor allem einen Ausspruch von Cicero, der sagte, dass die Stoiker Tugend als »Reife« bezeichneten. Reifes Obst ist Obst in seinem besten Zustand, aber Obst ist nur eine kurze Zeit lang reif. Reife ist eine treffende

Metapher für die stoische Auffassung von Tugend. Wie die Reife ist auch die moralische Tugend etwas, das man nicht aufsparen kann – man kann nicht am Montag etwas Tugend ansparen, um sie später in der Woche abzuheben. Man kann nur im gegenwärtigen Augenblick tugendhaft oder exzellent sein. Schon eine Minute später erlangen Sie vielleicht wieder Exzellenz – oder Sie scheitern. Sie haben unendlich viele Möglichkeiten, Tugend zu praktizieren.

Der moderne Philosoph Pierre Hadot definiert die Tugenden wie folgt:

- Weisheit: die Wissenschaft von dem, was getan oder nicht getan werden soll
- Mut: die Wissenschaft von dem, was geduldet oder nicht geduldet werden soll.
- Gerechtigkeit: die Wissenschaft von dem, was verteilt werden soll und was nicht
- Mäßigung: die Wissenschaft von dem, wofür oder wogegen man sich entscheiden soll

Die alte stoische Schule bezeichnete ihre Lehre als Wissenschaft, Tugend jedoch lässt sich nicht in eine Formel pressen: Sie ist eine Kunst. Wir können uns anhören, worin die Grundlagen der Tugendhaftigkeit bestehen, aber erarbeiten muss man sie sich selbst – sowohl um sich zu optimieren, als auch um zu lernen, sich durch diese Arbeit auszudrücken.

Die stoischen Tugenden

Die Übungen, die den jeweiligen Disziplinen zugeordnet sind, sollen Ihre Tugend schärfen; diese Vorgaben sind wichtig, aber nur, wenn Sie sie nutzen, um Ihr volles Potenzial auszuschöpfen. Eine Balletttänzerin trainiert jeden Tag, aber ihre Kunst zeigt sich in der Verschmelzung von technischem Können und persönlichem Ausdruck. Wenn Sie gleichermaßen Ihre Tugend trainieren, wird Ihnen die Kunst des Lebens eröffnet.

Die Stoiker übernahmen die vier Tugendkategorien – Weisheit, Mut, Gerechtigkeit und Mäßigung – von ihren philosophischen Vorgängern. Platon beschrieb die Tugenden in ähnlicher Weise wie die späteren Stoiker, doch die Stoiker sahen die Tugenden nicht als einzelne Themen, sondern als ein zusammenhängendes Ganzes. Die Tugenden setzen einander voraus: Weisheit ist notwendig für Gerechtigkeit. Gerechtigkeit inspiriert die Mäßigung, und so weiter. Dennoch werden Sie klarere Entscheidungen treffen können, wenn Sie über die einzelnen Ausprägungen der Tugenden nachdenken. Wir wollen uns nun die Tugenden ansehen und überlegen, wie Sie sie in Ihr Leben integrieren können.

Weisheit

Weisheit *(sophia)* ist am engsten mit der Disziplin der Zustimmung verbunden. Für Stoiker ist die Weisheit eine praxisorientierte Kunst, und entsprechend wird sie manchmal mit *Klugheit* übersetzt. Weisheit steht im Gegensatz zu Gedankenlosigkeit. Weise sein heißt, überlegte, durchdachte Handlungen vorzunehmen, die zu einem guten Fluss des Lebens führen. Wenn Sie sich mit der Weisheit näher beschäftigen, hilft vielleicht die folgende Unterteilung:

- praktische Vernunft
- genaues Erwägen
- Geistesgegenwart
- Verschwiegenheit
- Einfallsreichtum

Vor allem soll die Weisheit Sie zum Guten führen: Ihre Aufmerksamkeit soll auf positive Gedanken, auf Meinungen, Wünsche und Abneigungen gelenkt werden. Die andere Aufgabe der Weisheit ist es, Ihre Entscheidungen in Bezug auf die Dinge des Lebens zu steuern. So werden Sie sich die Fragen leichter beantworten können: Soll ich dieses oder jenes wählen? Soll ich dieses oder jenes tun?

Weisheit erfordert konsequente geistige Aufmerksamkeit. Sie müssen Ihre Denkprozesse genau prüfen. Wer weise handelt, weiß, dass man nicht die erste Reaktion akzeptieren muss, die einem in den Sinn kommt. Legen Sie stattdessen einen Abstand zwischen Ihrer Reaktion und Ihren nächsten Schritten ein. Wenn Sie sich die Disziplin der Zustimmung vergegenwärtigen, erkennen Sie, wie eng die damit verbundenen Übungen und diese Tugend übereinstimmen.

Überlegen Sie: Welche Person in Ihrem Leben steht für gelebte Weisheit und was ist für Sie das Herausragende an dieser Person?

Übung zur Weisheit: Die neutrale Beschreibung

Diese Übung hat zum Ziel, Ihre persönlichen – und vielleicht irrationalen – Gefühle in Bezug auf Ihre Wünsche zu überwinden. Bevor Sie sich einen Wunsch erfüllen, ist es hilfreich, wenn Sie sich eine klare Vorstellung davon machen. Sie wollen ein

Paar teure Turnschuhe kaufen? Das sind nur Schuhe: Leder, das Ihre Füße schützen soll. Sie nutzen sich ab, bekommen Flecken und landen schließlich auf dem Müll. Sind Schuhe es wirklich wert, dass man sich so intensiv mit ihnen befasst? Epiktet forderte seine Schüler auf, sich vorzustellen, sie hätten einen Lieblingsbecher. Was ist ein Becher ganz grundsätzlich betrachtet? Er ist aus Keramik. Er fasst Getränke. Er ist zerbrechlich. Epiktet sagte seinen Schülern, sie sollten von Gedanken wie »er ist so schön bemalt« und »er war ein Geburtstagsgeschenk« ablassen, damit sie ihn einfach nur als einen Becher sehen könnten. Einen Becher, der, wenn er zerbricht, es nicht wert ist, den guten Fluss des Lebens zu verlieren.

Wenn Sie etwas sehen, dessen Anblick Sie möglicherweise überwältigt, halten Sie inne und beschreiben Sie es in seiner grundlegendsten Form. Fügen Sie keine Werturteile hinzu. Entzaubern Sie es, damit Sie mit klarem Kopf weitermachen können.

Mut

Mut *(andreia)* ist gleichzusetzen mit der Beherrschung Ihrer Ängste. Es ist das Gegenteil von Feigheit. Mut ist eine der beiden Tugenden, die der Disziplin des Verlangens zugeordnet sind. Wenn Sie Ihre Wünsche und Abneigungen nicht mehr auf die äußere Welt richten, sondern nach Tugend streben, setzen Sie Kräfte frei, mit denen Sie gegen das Unannehmbare vorgehen können. Die Stoiker unterteilen den Mut in folgende Kategorien:

- Ausdauer
- Zuversicht

- Großzügigkeit
- Fröhlichkeit
- Fleiß

Denken Sie an Dinge, denen Sie lieber aus dem Weg gehen. Früher habe ich emotionale Konflikte gemieden. Konflikte machten mir Angst, also täuschte ich entweder vor, es ginge mir gut, oder ich unternahm das absolute Minimum, um zum Status quo zurückzukehren. Diese unmögliche Vorgehensweise führte sowohl in meinem privaten als auch in meinem beruflichen Leben zu negativen Ergebnissen. Die Konflikte nahmen zu und flogen mir irgendwann um die Ohren. Der Stoizismus hat mich gelehrt, dass ich nicht direkt verantwortlich für die Verhaltensweisen anderer Leute bin. Ich kann nur mein eigenes Denken und Handeln steuern, und wenn ich das gut mache, steigt auch die Wahrscheinlichkeit, dass andere besser handeln. Die stoische Denkweise gab mir Mut. Ich ging den Reaktionen der anderen nicht mehr aus dem Weg. Stattdessen vermied ich es, feige, zögerlich und ängstlich zu sein. Das gelang mir, indem ich mich bemühte, in jeder Situation mein Bestes zu geben und aus jeder Situation das Beste zu machen. Wenn Sie die Disziplin des Verlangens und der Abneigung üben, werden Sie mit Mut belohnt werden. Denken Sie daran, dass Sie vor negativen Dingen geschützt sind, wenn Sie das tun, was Ihrer Natur gemäß richtig ist, und wenn Sie die Umstände, in denen Sie sich befinden, nach Möglichkeit annehmen.

Überlegen Sie: Denken Sie an eine Situation in Ihrem Leben, in der Sie Mut bewiesen haben. Was hat damals dafür gesorgt, dass Sie mutig waren?

Übung zum Mut: Vorbereitung von Herausforderungen
Seneca schrieb einmal, dass etwas, das bereits erwartet wird, weniger schockierend sei. Eine gängige stoische Übung ist die Visualisierung eines Worst-Case-Szenarios. Das hilft, den Kopf frei zu bekommen. Wenn Sie eine Herausforderung aus stoischer Sicht betrachten, können Sie sich bei einem ähnlichen Ereignis in der Zukunft leichter auf ein tugendhaftes Leben konzentrieren.

Stellen Sie sich ein Ereignis vor, dem Sie am liebsten aus dem Weg gehen würden. Welche spezifischen Details machen dieses Ereignis zu einem Problem? Haben Sie diese unter Kontrolle? Wenn nicht, was haben Sie unter Kontrolle? Wie könnten Sie diese Herausforderung am besten meistern? Hätten Sie sich innerlich verändert, nachdem Sie dieses Ereignis überstanden haben?

Gerechtigkeit

Gerechtigkeit *(dikaiosyne)* wird der Disziplin des Handelns zugeordnet. Stoische Gerechtigkeit ist weiter gefasst als unsere übliche Definition des Wortes; sie bedeutet mehr als nur das Einhalten von Gesetzen. Stoiker übersetzen sie manchmal mit *Moral*, da sie alle Interaktionen mit anderen Menschen umfasst. Der Stoizismus lehrt, dass alle Menschen wertvoll sind und dass wir dazu bestimmt sind, mit anderen zu kooperieren. Stoische Gerechtigkeit unterstützt Sie dabei, auch wenn andere eine andere Haltung vertreten als Sie.

Chrysippos (zitiert von Cicero in *De Officiis*, III, 42) veranschaulicht dies in folgendem Zitat: »Wer ein Rennen in einem Stadion läuft, muss sich wirklich anstrengen, so sehr er kann, um zu siegen. Er darf aber auf keinem Fall seinem Gegner ein Bein stellen oder ihn mit dem Arm wegdrängen. So ist es auch im Leben nicht unangemessen, dass ein jeder nach dem strebt, was er braucht: Einem anderen aber etwas wegzunehmen, ist Unrecht.« In diesem Beispiel stehen wir im Wettkampf mit anderen, aber wir sorgen dafür, dass der Wettkampf fair bleibt.

Gerechtigkeit ist gleichbedeutend mit Kooperation. Wie Mark Aurel sagt: »Wir sind geboren, um zusammenzuwirken wie ein Paar Füße, Hände oder Augen. Wie die zwei Reihen der Zähne oben und unten. Sich gegenseitig Steine in den Weg zu legen ist unnatürlich.« Diese Erkenntnis zeigt sich auch in einigen Begriffen, mit denen die Stoiker die Gerechtigkeit beschrieben:

- Ehrlichkeit
- Fairness
- Kompromissbereitschaft
- Wohlwollen
- Mildtätigkeit
- Freundlichkeit

Fairness gegenüber Freunden ist selbstverständlich, aber was ist mit den Feinden? Der Stoizismus sagt, dass wir weder Wut noch Hass gegenüber denen empfinden sollen, die uns unrecht tun. Eine stoische Maxime besagt, dass kein Mensch freiwillig böse ist. Wenn eine Person Sie beleidigt oder bestiehlt, hat sie es getan, weil sie dachte, sie tue sich selbst damit etwas Gutes. Epiktet sagt, dass ein Stoiker geduldig, sanft, feinfühlig und vergebend ist, wie er es gegenüber jemandem wäre, der sich im Zustand der Unwissenheit befindet und in den wichtigsten Dingen das Ziel verfehlt hat. Er wird zu niemandem grob sein, denn er wird Platons Worte vollkommen verstanden haben: »Eine Seele wird stets gegen ihren Willen der Wahrheit beraubt.«

Überlegen Sie: Wie würden sich Ihre Beziehungen verändern, wenn Ihre Handlungen von dem stoischen Verständnis von Gerechtigkeit geleitet wären?

Übung zur Gerechtigkeit: Der Bogenschütze

Wenn wir uns für Gerechtigkeit einsetzen, streben wir meist ein bestimmtes Ergebnis an. Im Stoizismus muss Ihr Handeln gerecht sein, auch wenn Sie das erhoffte Ergebnis nie erreichen werden. Das Bild des Bogenschützen mag diese Geisteshaltung verdeutlichen. Stellen Sie sich einen Bogenschützen vor. Er wählt ein Ziel aus. Er spannt den Bogen. Er schießt den Pfeil ab. Welchen Teil dieser Situation hat der Bogenschütze unter Kontrolle? Eine Windböe könnte den Pfeil vom Ziel weglenken. Das Ziel könnte sich bewegen. Der Bogenschütze darf sich nicht darauf konzentrieren, das Ziel zu treffen, sondern darauf, gerade zu schießen.

Dieses Bild beschreibt die Tugend. Wenn Sie auf Gerechtigkeit abzielen, machen Sie sich bewusst, dass das, was Sie kontrollieren, ausschließlich Ihre Absichten und die daraus resultierenden Handlungen sind. Wenn Sie sich auf Ihre eigenen Handlungen konzentrieren, haben Sie die beste Chance, Ihre Ziele zu erreichen.

Mäßigung

Mäßigung *(sophrosyne)* ist die Kontrolle über das Verlangen. Wenn Sie die Disziplin des Verlangens üben, entstehen Mut und Mäßigung. Mäßigung steht im Gegensatz zum Exzess. Wenn Sie nur Tugendhaftes begehren, können Sie in dem, was Sie wollen, vernünftig sein, und großzügig mit dem, was Ihnen gegeben wurde. Mäßigung kann folgendermaßen unterteilt werden:

- Angemessenheit
- Bescheidenheit
- Selbstbeherrschung

Die Stoiker betrachteten das Leben als ein Bankett. Stellen Sie sich eine Party vor, bei der der Gastgeber alles hat auftischen lassen: teure Weine, köstliche Gerichte und verführerische Nachspeisen. Jeder der Anwesenden schnappt sich Teller und Gläser und geht zum Büfett, um sich satt zu essen. Wie werden Sie sich verhalten? Werden Sie Ihren Teller vollladen, um nur nichts zu verpassen? Werden Sie Ihr Glas auffüllen, obwohl Sie wissen, dass von diesem bestimmten Wein nicht genug für alle da ist? Und wird es Ihren Abend ruinieren, wenn Sie die Nachspeise verpassen, auf die Sie ein Auge geworfen haben? Andererseits, wenn Sie es rechtzeitig schaffen, werden Sie dann so viel nehmen, dass für andere nicht genug übrig bleibt? Epiktet sagt, dass ein Stoiker die Nachspeise nicht im Voraus begehrt und sich deshalb nicht daran stört, wenn er sie nicht bekommt. Wenn die Speise dann doch verfügbar ist, wird er nur so viel nehmen, dass andere nicht leer ausgehen. Wer den Stoizismus wirklich begriffen hat, wird vielleicht sogar auf die Nachspeise verzichten, obwohl sie verfügbar ist. Dieser Stoiker, so Epiktet, ist würdig, mit den Göttern zu regieren! Die Bankett-Metapher ist auf alle Ihre Interaktionen anwendbar. Wenn Sie Ihr Verlangen darauf ausrichten, Ihr bestes Selbst zu sein, werden Sie Ihr Augenmerk nicht darauf richten, Dinge zu bekommen, sondern darauf, die Dinge zu nutzen, die Sie bereits haben.

Ein anderes Beispiel für Mäßigung: Sie sind Gast im Haus eines anderen. Wie behandeln Sie Dinge, von denen Sie wissen, dass Sie nur geliehen sind? Nichts ist von Dauer. Was Sie heute haben, wird abgenutzt, könnte kaputt gehen oder weggenommen werden und wird nicht immer Ihnen gehören. Der Verlust einer Sache wird Ihnen wehtun, wenn Sie so leben, als wären Dinge von Dauer, obgleich dies niemals der Fall ist. Schuld an diesem Schmerz sind unrealistische Gedanken. Wenn Sie davon ausgehen, es sei Ihr gutes Recht, bei guter Gesundheit zu sein, wird Ihnen selbst eine einfache Erkältung als Unrecht erscheinen und Sie dazu veranlassen, sich unangemessen zu verhalten. Wenn Sie glauben, dass Ihr Job auf ewig sicher ist, wird eine Entlassung Sie am Boden zerstören. Aber das muss nicht so sein. Wenn Sie akzeptieren, dass Dinge Ihnen nur eine gewisse Zeit lang gehören, dann werden Sie glücklich sein, sie zu besitzen, und nicht zerbrechen, wenn sie nicht mehr da sind.

Überlegen Sie: Können Sie einen Bereich in Ihrem Leben benennen, in dem sich Mäßigung positiv auswirken würde?

Übung zur Mäßigung: Amor Fati

Denken Sie noch einmal an die Disziplin des Verlangens. Dort haben wir beschrieben, dass Amor Fati, die Liebe zum Schicksal, entscheidend dafür ist, Mäßigung in Ihr Leben einziehen zu lassen.

Nehmen Sie sich einen Moment Zeit und denken Sie an eine Situation, in der die Dinge nicht so gelaufen sind, wie Sie es wollten, in der aber am Ende doch alles geklappt hat. Auf welche Weise hat die Herausforderung Ihre positiven Gefühle gestört? Können Sie die Situation im Nachhinein mit einer stoischen Geisteshaltung betrachten? Wie wirkt sich diese Denkweise auf Ihre Wünsche und Abneigungen aus?

Das Gegenteil von Tugend

Während Sie herausfinden, was Tugend für Sie bedeutet, kann es hilfreich sein, etwas zu haben, an dem man sich messen kann. In einem seiner Briefe beschreibt Seneca den Stoizismus wie folgt: »Keine Schule ist gütiger und sanfter, keine den Menschen mehr zugetan und besorgter um das Gemeinwohl. Das Ziel, das sie uns zuweist, ist, Nutzen zu stiften und Hilfe zu leisten, sich nicht nur um sich selbst Gedanken zu machen, sondern um alle und jeden Einzelnen im Besonderen.« *(Seneca, Über die Milde.)* Die eigenen Fehler zu erkennen, ist nicht immer leicht. Ihnen steht kein stoischer Lehrer zur Seite, der Sie auf Ihre Schwachstellen hinweist und Sie zu besseren Leistungen anspornt. Deshalb sollten Sie immer mal wieder einen Blick auf dieses Zitat von Seneca werfen. Entwickeln Sie sich zu einer Person, auf die diese Beschreibung passt? Wenn ja, dann sind Sie auf dem besten Weg. Machen Sie weiter so.

> **Zum Nachdenken: Vorbilder**
> Die Stoiker suchten nach Vorbildern für die Tugenden unter Menschen, die sie kannten, unter berühmten Persönlichkeiten der Vergangenheit und sogar in der Mythologie.
>
> Welche Person oder auch fiktive Gestalt ist für Sie das beste Beispiel für ein gutes Leben?

Gleichgültiges

Stoiker sagen mit voller Überzeugung, dass Tugend das einzig Gute ist. Alles andere, also alles, was nicht den moralischen Ansichten, Gedanken, Handlungen entspricht, ordnen die Stoiker in eine Kategorie ein, die sie als »gleichgültig« bezeichnen. Dies ist keine gefühlte Einschätzung und nicht mit »Desinteresse« zu verwechseln; Sie sollen sich nicht vom Leben abwenden. Aber wenn Sie alles, was außerhalb Ihrer Kontrolle liegt, als gleichgültig kategorisieren, erkennen Sie an, dass solche Dinge für sich genommen kein dauerhaftes Glück bereithalten. Dennoch müssen Sie sich in Ihrem Leben immer wieder der Entscheidung stellen, wie Sie leben wollen. Der Stoizismus lehrt jedoch, dass es gleichgültige Dinge gibt, die man aus Vernunftgründen anderen vorziehen sollte, zum Beispiel Gesundheit und körperliches Wohlbefinden gegenüber Krankheit. Von den gleichgültigen Dingen bezeichnen die Stoiker die Dinge, die uns in der Regel nützen, als *bevorzugte Dinge* und die Dinge, die den Menschen abträglich sind, als *abgewiesene Dinge.*

Hier ist eine Liste von gleichgültigen Dingen nach Epiktet:

- Ihr Körper
- Ihr Eigentum
- Ihr Ruf
- Ihr Job
- alles andere, was nicht auf Ihr eigenes Tun zurückgeht

Vielleicht fragen Sie sich nun: Aber sind diese Dinge nicht wichtig? Natürlich sind sie das! Aber ihr Wert unterscheidet sich deutlich vom Wert der Tugend. Weisheit kommt Ihnen immer zugute. Mut wird Ihnen immer helfen. Ihr Job? Ein Gehalt ist nicht zu verachten, aber ein Job kann auch zeitliche Anforderungen stellen, die Ihrem Wohlbefinden schaden. Man könnte meinen, dass Ihr eigener Körper ziemlich direkt an Ihrem Glück beteiligt ist – und das ist er auch! Aber vielleicht erinnern Sie sich auch an Situationen, in denen Ihr Körper oder die Art und Weise, wie Sie ihn nutzten, Ihr Leben beeinträchtigte. Stoische Gleichgültigkeit gibt Ihnen Klarheit. Wenn Sie etwas als gleichgültig einordnen, sehen Sie über das Ding selbst hinweg und achten darauf, wie Sie es nutzen. Ihre Entscheidungen in Bezug auf gleichgültige Dinge tragen zu einem gesunden Leben bei.

Sie wurden während der Lektüre dieses Buches immer wieder aufgefordert, zwischen den Dingen zu unterscheiden, die Sie kontrollieren können, und jenen, die Sie nicht kontrollieren können. Diese Übung hilft Ihnen, sich von Gleichgültigem abzuwenden. Je mehr Fortschritte Sie darin machen, desto mehr werden Sie verstehen, dass Sie Dinge, die Sie nicht kontrollieren können, auch nicht zu kontrollieren brauchen: Ihre Meinungen, Gedanken und Handlungen sind Ihre freie Entscheidung, und niemand und nichts kann sie ohne Ihre Zustimmung beeinflussen. Dies wird Ihre Beziehung zu gleichgültigen Dingen verändern; Sie werden feststellen, dass ihnen kein eigener Wert innewohnt, sondern dass ihr Wert davon abhängt, wie Sie sie nutzen wollen.

Zum Nachdenken

> Wer den Hafen nicht kennt, in den er segeln will, für den ist kein Wind der richtige.
>
> Seneca, Briefe an Lucilius, 71

Sie versuchen, die beste Version Ihres Selbst hervorzubringen. In verschiedenen Bereichen des Lebens – Ihren Gedanken (Zustimmung), Ihren Wünschen (Verlangen) und Ihren Entscheidungen (Handeln) – streben Sie stets nach charakterlicher Exzellenz. Es kann helfen, sich ein Bild von diesem exzellenten Ich, Ihrem tugendhaften Selbst, zu machen.

- Wen sehen Sie, wenn Sie sich Ihr bestes Ich vorstellen?

- Was steht zwischen Ihnen und diesem »anderen« Ich?
- Welche Schritte können Sie unternehmen, um dieser Vision näher zu kommen? Zur Erinnerung: Der Stoizismus sagt, dass Ihr tugendhaftes Selbst bereits existiert. Wenn Sie es wollen, können Sie sich jetzt sofort für diese Version Ihres Ich entscheiden.

Was sind Ihre Prinzipien?

Die Disziplinen und Tugenden haben Ihnen ein Verständnis für die stoische Geisteshaltung, ihre besonderen Prinzipien und Prioritäten vermittelt. Was sind Ihre Prinzipien? Worauf legen Sie am meisten Wert? Wonach streben Sie? Denken Sie darüber nach, ob Ihr Handeln Sie Ihrem gewünschten Ziel näherbringt.

Welche Teile des stoischen Denkens entsprechen am ehesten dem, was Sie bereits glauben? Was hat Sie zu diesen Überzeugungen gebracht?

Welche Teile des stoischen Denkens stellen Ihre derzeitigen Prinzipien infrage? Was müssten Sie ändern, um zu einer stoischen Geisteshaltung zu kommen?

____

____

____

____

____

____

Bewertung der Tugenden

Nehmen Sie sich einen Moment Zeit, um Ihre alltäglichen Beziehungen zu anderen Menschen zu betrachten. Bewerten Sie auf einer Skala von 1 bis 5, wobei 1 »überhaupt nicht« und 5 »ständig« bedeutet, wie gut Sie jede der Tugenden sichtbar machen.

Weisheit ____
Mut ____
Gerechtigkeit ____
Mäßigung ____

In Teil III wenden Sie das Gelernte an. Sie fokussieren sich auf das Positive, setzen das Negative außer Kraft und machen Ihr bestes

Selbst sichtbar. Außerdem beschäftigen wir uns eingehender mit der stoischen Psychologie. Sie lernen weitere Techniken für die Gestaltung Ihres Gefühlslebens kennen. Sie betrachten auch Ihre persönlichen Beziehungen zu Familie, Freunden und dem Rest der Welt genauer. All dies erfordert, dass Sie die erlernten Disziplinen und Tugenden umsetzen und sie aus der Theorie in wirksames Handeln übertragen. Fangen wir gleich damit an.

Teil III
Stoizismus leben

Kapitel 5
Das Positive gestalten

Wahres Glück zeigt sich darin, die Gegenwart zu genießen, ohne ängstlich in die Zukunft dreinzublicken, sich weder mit Hoffnungen noch mit Ängsten zu beschäftigen, sondern sich mit dem zufriedenzugeben, was man hat. Dies ist vollkommen ausreichend. Und wem dies gelingt, dem mangelt es an nichts. Die größten Segnungen der Menschheit sind in uns selbst und in unserer unmittelbaren Reichweite. Eine weise Person ist zufrieden mit dem, was sie hat, was immer es auch sein mag. Eine weise Person wünscht sich nicht die Dinge herbei, die sie nicht hat.

Seneca, Vom glücklichen Leben

Positive Gedanken

Sowohl die Griechen als auch die Römer verehrten die Göttin Fortuna, eine schöne, blinde Frau, die den Menschen, denen sie begegnete, Geschenke machte und Geschenke nahm. In der Schrift *Die Bildtafel des Kebes* sieht man Fortuna inmitten einer Menge von traurigen und fröhlichen Menschen. Die fröhlichen haben gerade ihre Geschenke erhalten und nennen sie »gute Fortuna«. Diejenigen, denen ihre Geschenke genommen wurden, sind niedergeschlagen und bezeichnen sie als »schlechte Fortuna«. Die Stoiker sagen, es gibt nichts Dauerhaftes in Ihrem Leben, wenn Sie Ihr Gefühlsleben auf die Gaben der Fortuna stützen. Wie können Sie sich des Glücks sicher sein, wenn es Ihnen jeden Moment wieder entrissen werden kann? Wäre es nicht besser, ein sicheres Glück zu finden? Im Stoizismus lernen Sie, Ihr emotionales Wohlbefinden nicht von den gleichgültigen Gaben Fortunas abhängig zu machen, sondern sich auf das zu zentrieren, was Sie fest in Ihrer eigenen Kontrolle haben: die Tugenden und das, was Sie am besten zu leisten vermögen.

In diesem Kapitel erfahren Sie, wie Sie mithilfe der Disziplinen und mit dem Fokus auf Ihre Tugend das Positive kultivieren. Sie entwickeln eine Geisteshaltung, die Zufriedenheit, Freude und Liebe gedeihen lässt. Sie werden noch besser verstehen, was Sie kontrollieren können und wie Sie die Herausforderungen des Lebens bewältigen, ohne davon Ihre Gefühlswelt aus dem Gleichgewicht bringen zu lassen.

Fokus: Was in Ihrer Kontrolle liegt

> Einige Dinge liegen in unserer Macht, andere liegen nicht in unserer Macht. In unserer Macht liegen unsere Meinungen, Wünsche, Abneigungen, kurz gesagt alles, was unser eigenes Werk ist. Nicht in unserer Macht liegen unser Leib, Besitz, Ansehen, Amt oder kurz gesagt alles, was nicht unser eigenes Werk ist.
>
> Epiktet, Handbüchlein der Moral, 1

Wir haben immer wieder über das *Kontrollieren* gesprochen, nun aber wollen wir uns genauer damit befassen. Das Zitat steht am Beginn des *Handbüchleins der Moral,* in dem die Lehren des Epiktet zusammengefasst sind. Die Technik, das, was wir kontrollieren, von dem zu trennen, was wir nicht kontrollieren, gehört zu den Grundlagen des Stoizismus. Wir nennen es die *Dichotomie der Kontrolle.* Die Umsetzung der stoischen Lehre erfordert, dass Sie das, was Sie kontrollieren, von allem anderen lösen – und alles andere kann eine ganze Menge sein!

Epiktet benennt vier Bereiche, die direkt unter Ihrer Kontrolle stehen:

- Ihre Ansichten über das Leben
- wonach Sie im Leben streben
- was Sie wollen
- was Sie nicht wollen

Diese Bereiche hängen mit einem anderen bereits erwähnten Begriff zusammen: Werturteile. Ihre Werte und das, was Sie aufgrund dieser Werte tun wollen, sind aufs Engste mit Ihnen verbunden.

Alles andere liegt außerhalb Ihrer Kontrolle und gehört in die Kategorie des Gleichgültigen. Epiktet nennt als erste Gleichgültigkeit Ihren eigenen Körper. Ihr Körper ist natürlich ziemlich eng mit dem verbunden, was Sie kontrollieren, aber können Sie für seine Gesundheit immer garantieren? Vielleicht wird Ihre Kontrolle durch eine Krankheit oder eine Verletzung eingeschränkt? Stoiker meinen mit Kontrolle eine *uneingeschränkte* Kontrolle. Deshalb zählt sogar Ihr eigener Körper zu den gleichgültigen Dingen, denn es können Umstände eintreten, durch die Sie Ihren Körper nur noch eingeschränkt kontrollieren können. Im weiteren Verlauf des ersten Kapitels seines *Handbüchleins der Moral* erklärt Epiktet, warum das so ist:

> Die Dinge, welche in unserer Gewalt stehen, sind von Natur frei; sie können nicht verhindert, noch in Fesseln geschlagen werden. Die Dinge aber, welche nicht in unserer Gewalt stehen, sind schwach und völlig abhängig; sie können verhindert und entfremdet werden. Deshalb bedenke, dass du Hinderung erfahren, in Trauer und Unruhe geraten, ja sogar Götter und Menschen anklagen wirst, wenn du das von Natur Dienstbare für frei und das Fremde für dein eigen ansiehst. Hältst du dagegen für dein Eigentum nur, was wirklich dein eigen ist, und betrachtest das Fremde als fremd, so wird dich niemand jemals zwingen oder hindern. Du wirst niemanden anklagen oder beschimpfen, und nicht das Geringste mit Widerwillen tun. Niemand kann dir schaden; du wirst keinen Feind haben, und nichts, was dir nachteilig sein könnte, wird dir begegnen.[3]

Etwas dazwischen, ein »irgendwie in Ihrer Kontrolle« existiert nicht im Schwarz-Weiß-Schema der Dichotomie der Kontrolle. Entweder etwas ist zu 100 Prozent in Ihrer Kontrolle oder es ist etwas Gleichgültiges. Wenn Sie Ihr emotionales Wohlbefinden von etwas abhängig machen, das Ihnen Fortuna nehmen kann oder niemals geben wird, werden Sie immer anfällig für die Höhen und Tiefen des Lebens sein. Wenn Sie stattdessen Ihr Glück

---

[3] übernommen aus: https://www.projekt-gutenberg.org/epiktet/moral/moral.html

von Dingen ableiten, die Sie besitzen, können Sie das Glück und die Geschenke des Lebens im Hier und Jetzt genießen.

Alles, was Sie bisher gelernt haben, hilft Ihnen, sich auf das zu konzentrieren, was Sie unter Kontrolle haben:

- Die Disziplin des Verlangens verlagert Ihre Neigungen von den *materiellen Dingen* des Lebens auf die Tugenden, die Ihren Lebensweg bestimmen.
- Die Disziplin des Handelns sagt, dass Sie aufhören sollen, auf ein bestimmtes Endziel hinzuleben, und stattdessen bei jedem Schritt Ihr Bestes geben sollen.
- Die Disziplin der Zustimmung hilft Ihnen, Ihre Lebensumstände richtig einzuschätzen, damit Sie das Leben mit Klarheit angehen können.

Das Üben der Disziplinen öffnet Raum für positive Gefühle. Im Folgenden wollen wir uns mit weiteren Techniken befassen, mit deren Hilfe Sie das fokussieren, was in Ihrer Kontrolle liegt.

Zum Nachdenken

> Gewöhn dir an, bei allen Handlungen zu fragen: »Warum tun sie das?« Fang bei dir selbst damit an.
>
> Mark Aurel, Selbstbetrachtungen, 10.37

Denken Sie daran: Das Einzige, was Sie kontrollieren, sind Sie selbst. Beim Streben nach dem guten Fluss des Lebens betrachten Sie zuerst Ihre eigenen Entscheidungen, bevor Sie die Handlungen anderer beurteilen.

Es liegt an Ihnen

Dichotomie der Kontrolle bedeutet, zu entscheiden, was Sie *wirklich* steuern können. Denken Sie in jeder Situation daran, dass Ihre Werturteile und Entscheidungen Ihnen gehören – Sie allein kontrollieren sie. Ihre Meinungen, Entscheidungen, Wünsche und Abneigungen liegen bei Ihnen; alles andere fällt in die Kategorie »gleichgültig«. Indem Sie dies akzeptieren, werden Sie immer und ungehindert in Übereinstimmung mit der persönlichen Exzellenz und der stoischen Tugend handeln können. Sie werden sich die gleichgültigen Dinge des Lebens immer noch bestmöglich zunutze machen, aber ob Sie sie nun erlangen oder verlieren, wird Ihre Harmonie nicht beeinträchtigen. Sich auf die richtigen Dinge zu konzentrieren, schafft Raum für Positivität und Resilienz gegenüber den Höhen und Tiefen des Lebens.

Das bedeutet mir nichts

Ein weiterer Satz, den Stoiker immer parat haben, ist: »Das bedeutet mir nichts.« Denken Sie an diesen Satz, wann immer etwas droht, zu viel Ihres geistigen Raums einzunehmen. Vielleicht sollen Sie am nächsten Tag erfahren, ob Sie in Ihrem Job befördert werden. Die Erwartung darauf erzeugt Gefühle der Sorge oder der Angst, sie stiehlt Ihnen die positiven Gefühle, die Sie gerade durchleben könnten. Deshalb formulieren Sie den Gedanken neu: »Diese Beförderung bedeutet mir nichts.« Das heißt, die Beförderung hat keinen Einfluss auf Ihr tugendhaftes Leben und Ihre Fähigkeit, Ihr bestmögliches Selbst zu sein. Die drastische Formulierung »das bedeutet mit nichts« hilft Ihnen, sich wieder mit der Dichotomie der Kontrolle zu befassen, mit dem

Einkreisen Ihrer selbst und der Gegenwart, mit den Disziplinen Verlangen, Handeln und Zustimmung. Die Beförderung liegt in der Zukunft, also können Sie sie nicht kontrollieren, lassen Sie deshalb nicht zu, dass sie Ihr gegenwärtiges Glück beeinträchtigt.

Es wurde zurückgegeben

> Des Weisen einziger Besitz ist die Tugend, und diese kann ihm niemand nehmen; alles übrige hat er nur auf Borg.
>
> SENECA, VON DER UNERSCHÜTTERLICHKEIT DES WEISEN

Ein weiterer Satz, der Ihnen helfen wird, lautet: »Es wurde zurückgegeben.« Für die Stoiker waren alle gleichgültigen Dinge nur eine Leihgabe. Alles verändert sich, alles ist sterblich, nichts dauert ewig. Wie schützen diese Gedanken das Positive in Ihnen? Nun, wenn Sie handeln, als wären Dinge von Dauer, könnten Sie Probleme bekommen. Wenn Sie meinen, ein Lieblingsgegenstand gehöre Ihnen für immer und er geht kaputt oder verloren oder wird Ihnen gestohlen, erzeugen Sie Negativität. Der Stoizismus empfiehlt Ihnen den Satz: »Es wurde zurückgegeben«, wann immer etwas abhandengekommen oder für immer verloren ist. Dinge als vergänglich zu betrachten, schützt Sie vor dem Schock, den eine Veränderung mit sich bringen könnte, und hilft Ihnen, die Geschenke des Lebens voll auszunutzen, solange sie verfügbar sind. Wenn Sie akzeptieren, dass nichts ewig währt, sind Sie in der Lage, sich mit den Dingen im Hier und Jetzt zu befassen.

Was können Sie kontrollieren?

Überlegen Sie, ob die in der folgenden Liste aufgeführten Punkte nach stoischer Sichtweise von Ihnen kontrolliert werden können oder nicht.

- Sie stehen im Stau.
- Sie sind wütend, weil Sie zu spät zur Arbeit kommen.
- Ein guter Freund von Ihnen ist traurig wegen einer kürzlichen Trennung.
- Sie sind aufgeregt, weil Sie eine Präsentation halten müssen.
- Ihr Kind ist krank.
- In Ihrem Wohnort hat sich ein Unglück ereignet.
- Sie fühlen sich schuldig wegen etwas, das Sie gestern getan haben.
- Ihr Flug ist verspätet.
- Sie sind empört über etwas, das Sie gerade gelesen haben.
- Ihr Arm ist gebrochen.

Verantwortung übernehmen

Das Wissen darum, was Sie kontrollieren können, befreit Sie nicht von den Verpflichtungen des Lebens. Sie müssen essen. Sie brauchen ein Dach über dem Kopf. Sie haben Freunde und Familie, die Sie lieben und die Sie unterstützen möchten. Wie lässt sich mit den gleichgültigen Dingen umgehen, ohne von ihnen beherrscht zu werden? Greifen Sie auf die vielen Werkzeuge zurück, die Sie bereits kennengelernt haben! Sie kennen die *Vorbehaltsklausel* und die *zwei Missionen*, die Ihnen helfen, voranzukommen und gleichzeitig Ihr bestes Selbst zu bleiben. Der *Bogenschütze* ermahnt Sie, sich auf Ihr Handeln zu konzentrieren und sich den Kopf nicht über das Ergebnis zu zerbrechen. Die *Vorbereitung von Herausforderungen* und die *unendlichen Möglichkeiten* machen Sie zuversichtlich, dass Sie mit Exzellenz handeln werden, gleich welche Herausforderungen bevorstehen. Stoisches Handeln ist nicht von falschen Erwartungen belastet. Die Dichotomie der Kontrolle macht dafür den Weg frei: Sie erinnert Sie daran, dass Sie auf Ergebnisse keinen Einfluss haben, sondern nur Ihr Bestes geben können. Indem Sie sich auf Ihr eigenes Handeln konzentrieren, tun Sie alles in Ihrer Macht Stehende, um zu bekommen, was Sie wollen, und sich daran zu erfreuen, ganz unabhängig davon, was letztendlich dabei herauskommt.

Während des Hurrikans Sandy, der Ende Oktober 2012 auf die Ostküste der USA traf, war ich Leiter verschiedener Notunterkünfte in New York City. Eine Unterkunft bekam Lebensmittelspenden, die nicht alle Bewohner essen konnten, da sämtliche Speisen Schinken enthielten, vom Rührei am Morgen bis zu den grünen Bohnen am Abend. Viele Familien hatten religiös begründete Vorbehalte gegen dieses Essen. Ich bat darum, die Speisen entweder so zuzubereiten, dass alle sie essen konnten, oder zu variieren, um den verschiedenen Bedürfnissen gerecht zu werden. Da dies nicht geschah, verweigerte ich, weitere Essensspenden anzunehmen.

Für mich war es eine Frage von Gerechtigkeit. Alle Familien in der Unterkunft hatten ihr Zuhause verloren und mussten Geld sparen. Die Bereitstellung von Mahlzeiten ermöglichte es den Menschen zu sparen, trotzdem musste ein Teil von ihnen für jede Mahlzeit Lebensmittel hinzukaufen und ihre Ersparnisse aufbrauchen. Ich musste in meinem Job für alle da sein, das ging aber nur, wenn sich etwas änderte. Als ich mich weigerte, die Spenden entgegenzunehmen, war meine Position als Manager bedroht. Ich musste entscheiden, ob mein Handeln, das ich für richtig hielt, schwerer wog als der Erhalt meines Jobs. Ich sagte mir, dass ich nur unter Kontrolle hatte, wie gut ich meinen Job machte – gemäß den von mir akzeptierten Tugenden –, und dass es die Verantwortung eines anderen war, mich zu behalten oder mich zu entlassen. Also blieb ich bei meiner Überzeugung.

Es war für mich zutiefst befriedigend, dass ich mich entschieden hatte, nach meiner Überzeugung zu handeln, und ich vertraute darauf, dass ich mein absolut Bestes getan hatte. Am Ende wurden die Mahlzeiten geändert, um den Bedürfnissen aller gerecht zu werden, und ich war weiterhin als Manager tätig. Beide Ergebnisse entsprachen dem, was ich gewollt hatte, auch wenn sie außerhalb meiner Kontrolle gestanden hatten – ich hatte gehandelt, wie ich es für richtig gehalten hatte, unabhängig vom Endergebnis.

Wenn Sie die stoischen Disziplinen praktizieren, konzentrieren Sie Ihre Energie auf das, was Sie kontrollieren können. Dies hilft Ihnen, trotz der Höhen und Tiefen des Lebens mentale und emotionale Stabilität zu finden. Das verschafft Ihnen die Gewissheit, dass Sie sich immer weiterentwickeln werden, solange Sie Ihrer Tugend treu bleiben, und es ermöglicht Ihnen, sich auf Ihre Umwelt und Ihre Mitmenschen einzulassen. Eine gesunde mentale Haltung lässt auch Raum für die Entfaltung positiver mentaler Zustände. Schauen wir uns diese Dynamik einmal an.

> **Zum Nachdenken**
> Es gibt Zeiten, in denen die Dinge »schiefgehen«, aber man trotzdem sein Glück findet, weil man stark war, durchhielt und sich selbst treu geblieben ist.

- Erinnern Sie sich an eine Situation, in der Sie nicht das bekamen, was Sie wollten, aber trotzdem Ihr Glück fanden, weil Sie in diesem Moment sich selbst treu blieben?
- Was an Ihrer Einstellung oder Ihrem Handeln verschaffte Ihnen damals Befriedigung?

Positive Gedanken kultivieren

Wenn Sie die Schönheit einer Blume einen Tag lang genießen wollen, pflücken Sie vielleicht eine ab und stellen sie in eine Vase. Wenn Sie die ganze Saison diese Schönheit genießen möchten, wäre es besser, einen Garten anzulegen. Oft jagen Menschen Erfahrungen hinterher, mikromanagen sowohl ihre Umwelt als auch ihre Mitmenschen, weil sie hoffen, daraus einen Funken Freude ziehen zu können. Das ist wie das Pflücken einer Blume: Sie bekommen etwas, das Sie möchten, aber Sie können es nicht behalten. Wollen Sie nachhaltiges Glück, gestalten Sie das, was in Ihnen liegt – und nicht die Dinge, die Sie umgeben. So werden Sie Freude, Ruhe, Wohlwollen und viele andere positive Gefühle erfahren, und zwar nicht nur im Augenblick, sondern auf Dauer.

Das Geheimnis besteht darin, das Glück nicht direkt anzupeilen – denn Glück ist kein Ziel. Es begleitet Sie lediglich auf Ihrer Reise, wenn Ihr Weg tugendhaft ist. Sie erschaffen Positivität, indem Sie im bereits besprochenen *guten Fluss des Lebens* leben. Wenn Sie an sich selbst arbeiten, entfalten Sie positive Gedanken und Gefühle. Daran dachte auch Mark Aurel, wann immer er sich nicht im Einklang mit der Welt fühlte. In Buch 4, Absatz 3 seiner *Selbstbetrachtungen* schrieb er: »Menschen versuchen immer, alles hinter sich zu lassen – auf dem Land, am Strand, in den Bergen. Und man wünscht sich stets, man könnte dasselbe tun. Was idiotisch ist: Schließlich kannst du immer fort, wenn du willst. Indem du den Blick nach innen richtest. Nirgendwo sonst wirst du mehr Frieden finden – frei von Ablenkung sein – als in der eigenen Seele. Insbesondere, wenn du noch andere Dinge hast, auf die du dich dabei stützen kannst. Ein Augenblick der Sammlung und schon ist die vollkommene Gelassenheit da. Und mit Gelassenheit meine ich eine Art der Harmonie.« Nach Mark Aurel kommt man leichter zur Ruhe, wenn man noch andere Dinge hat, auf die man sich stützen kann. Worin bestehen diese Dinge? Es handelt sich um ebenjene stoischen Werkzeuge, die wir bereits besprochen haben. Ihr erster Schritt zur Entwicklung von Positivität besteht darin, dass Sie sich dazu ermahnen, auf dem stoischen Weg zu bleiben.

> Bei allem, was dir widerfährt, denke daran, dich
> dir selbst zuzuwenden und dich zu fragen,
> welche Kraft du besitzt, um damit umzugehen.
>
> Epiktet, Handbüchlein der Moral, 10

Wann immer Sie sich einem Hindernis gegenübersehen, führen Sie als Erstes eine Selbstbewertung durch. Sehen Sie Schwierigkeiten auf sich zukommen? Dann benötigen Sie Durchhaltevermögen. Nervt Sie jemand? Dann brauchen Sie Geduld. Nehmen Sie sich einen Moment Zeit, um Ihre eigenen Fähigkeiten zu aktivieren, und wenden Sie sie bewusst nur auf das an, was Sie kontrollieren können. Diese Achtsamkeit hält Sie auf dem tugendhaften Weg, auf dem das Glück wohnt. Wenn Sie diesem Kurs im Leben folgen, wird Ihnen die Arbeit an sich selbst Freude bereiten. Als Stoiker sind wir stolz darauf, unser Bestes zu geben, denn wir haben uns *immer* frei dafür entschieden. So haben Sie Ihre Erfolge fest unter Kontrolle und erleben nie eine echte Enttäuschung. Die aus dieser Geisteshaltung gewonnene Ruhe schafft den Raum, in dem Positivität gedeiht.

Mit konsequenter stoischer Praxis entwickeln Sie eine positive Geisteshaltung. Erinnern Sie sich an die Disziplin der Zustimmung, die die Stoiker als dreistufigen Prozess betrachten. Zuerst passiert etwas mit Ihnen (Ersteindruck). Als Nächstes erkennen Sie, was passiert ist (objektive Darstellung). Schließlich fügen Sie dem Geschehen Ihre eigene Sichtweise hinzu (Werturteil). Ungesunde Werturteile führen zu negativen Geisteshaltungen (Stoiker bezeichnen diese als *Leidenschaften;* mehr dazu in Kapitel 6). Stimmen Ihre Werte mit Weisheit überein, werden Sie *positive Leidenschaften* empfinden. Die Stoiker definierten drei positive Leidenschaften, die aus einem vernunftbestimmten Geist mit gesunden Werturteilen kommen. Sie nannten diese Leidenschaften »Freude«, »Wunsch« und »Vorsicht«.

Freude

Freude ist ein nachvollziehbares geistiges Hochgefühl, das auf richtigen Einschätzungen des Lebens beruht. Freude ist Begeisterung, gute Laune und Gelassenheit. Freude ist auf die Gegenwart fokussiert. Freuen Sie sich an dem Leben, das Sie gerade führen. Wenn Sie Ihre Wünsche und Abneigungen auf die Dinge beschränken, die Sie unter Kontrolle haben, wenn Sie *die Gegenwart einkreisen* und Ihre Aufmerksamkeit auf den gegenwärtigen Moment lenken, dann entsteht Freude. Wenn ein Freund zu Besuch kommt, genießen Sie die Zeit, die Sie mit ihm verbringen. Irgendwann wird er wieder gehen, aber Sie werden keine Traurigkeit empfinden, denn Sie leben im Moment, einem Moment der Freude. Wenn Ihr Freund geht, sind Sie dankbar für die gemeinsam verbrachte Zeit und suchen nach neuen Dingen, an denen Sie sich erfreuen.

Wunsch

Wunsch, manchmal auch »Wollen« genannt, ist gleichzusetzen mit einem vernunftbestimmten Streben nach Dingen. Das Streben ist auf die Zukunft gerichtet, und der Wunsch beinhaltet unsere Hoffnungen für die Zukunft. Diese Geisteshaltung ist mit der Disziplin des Handelns verbunden, denn das Streben ist sozial ausgerichtet; der Stoiker arbeitet für das Wohl der Gemeinschaft, nicht nur für sich selbst. Im Stoizismus wird der Wunsch in Zuneigung, Güte und Wohlwollen unterteilt. Dies sind Begriffe, die den sozialen Aspekt dieser positiven Leidenschaft beleuchten, da sie von Ihrer Beziehung zu anderen abhängen. Sie kultivieren diesen emotionalen Zustand durch Praktiken wie die Vorbehaltsklausel »wenn nichts dagegenspricht«. Ihre Wünsche für die Welt und Ihre Zukunft sind von Vernunft geleitet, aber für Sie kommt es nicht eigens auf das Ergebnis an, sondern *wie* Sie auf diese Ziele hinarbeiten.

Vorsicht

Vorsicht, was auch mit Besonnenheit übersetzt werden kann, bedeutet, etwas aus Vernunftgründen zu vermeiden. Aus den vorangegangenen Kapiteln wissen Sie, dass ein Stoiker das Laster, das Gegenteil von Tugend, meiden soll. Vorsicht ist eine auf die Zukunft ausgerichtete Geisteshaltung, auf deren Grundlage Sie vernünftig planen können, denn Sie wissen, dass Ihnen alles offensteht, solange Sie Ihre Tugenden pflegen und dem Laster aus dem Weg gehen. Stellen Sie sich vor, Sie möchten unbedingt an einer großen Demonstration teilnehmen, von der es aber heißt, dass sie gefährlich werden könnte. Die Angst hält Sie möglicherweise von einer Teilnahme ab. Die Vorsicht sagt vielleicht, ja, die Sicherheit ist wichtig, aber noch wichtiger ist es, für Gerechtigkeit einzutreten. Ihre endgültige Entscheidung hängt letztlich davon ab, welche Handlung es Ihnen erlaubt, Ihr bestes Selbst zu sein.

Solche positiven Geisteshaltungen sind stärker als Gefühle: Wenn Sie konsequent Freude, Wunsch und Vorsicht stärken, wird daraus Positivität erwachsen. Gleichzeitig können sich negative Gefühle aufgrund der Beständigkeit der stoischen Grundhaltungen viel schwerer entfalten. Wenn Sie sich auf die Tugend fokussieren und echte Disziplin üben, können negative Gedanken und Gefühle nicht so leicht Wurzeln schlagen. Dabei hilft Ihnen die tägliche Praxis.

Nicht die Dinge selbst, sondern die Meinungen von den Dingen beunruhigen die Menschen.

EPIKTET, HANDBÜCHLEIN DER MORAL, 5

Heute bin ich der Sorge entkommen. Oder nein, ich habe sie weggeschoben, weil sie in mir war, in meinen Wahrnehmungen – nicht außerhalb meiner selbst.

MARK AUREL, SELBSTBETRACHTUNGEN, 9,13

Wie also sieht das glückselige Leben aus? Es besteht im Frieden des Geistes und in dauerhafter Ruhe. Dies könnte dein Leben sein, wenn die Größe deiner Seele es zulässt. Dies könnte dein Leben sein, wenn du die Standhaftigkeit besitzt, um entschlossen an einem guten Urteil festzuhalten.

SENECA, VOM GLÜCKLICHEN LEBEN 3.2

Zum Nachdenken

Wir wollen jedes Mal, wenn wir uns zur Ruhe legen, froh und heiter zu uns sagen: »Ja, ich habe gelebt und den Lauf des Schicksals vollendet!« Und wenn die Gottheit noch einen weiteren Tag hinzufügt, so sei er mit Freude in Empfang genommen. Ein Mensch ist der Glücklichste und der sichere Herr seiner selbst, wenn er dem morgigen Tag ohne Bangen entgegensieht. Wer sagen kann: »Ich habe gelebt«, der erhebt sich täglich zu neuem Gewinn.

Seneca, Briefe an Lucilius, 12

Die Stoiker trieben ihre auf die Gegenwart ausgerichtete Philosophie oft auf die Spitze und stellten sich vor, jeder Tag könnte ihr letzter sein. Seneca zufolge nimmt diese Praxis dem Menschen die Angst vor der Zukunft und ermöglicht es ihm, jeden neuen Tag als ein Geschenk zu empfangen. Testen Sie heute Abend Senecas Technik und betrachten Sie den vergangenen Tag als ein Ende, als eine saubere Schnittlinie vor der Zukunft.

Sagen Sie sich vor dem Einschlafen: »Ich habe gelebt; der Lauf, den das Schicksal für mich vorgesehen hat, ist vollendet.« Zerreißen Sie mit diesen Gedanken alle Angstfäden zum Morgen.

Denken Sie an morgen. Was würde es bedeuten, wenn es sich um einen wirklich neuen Tag handeln würde und nicht um eine Fortsetzung vergangener Projekte und Herausforderungen? Wer könnten Sie während dieses neuen Tages sein?

Mit der Kultivierung des Positiven bauen Sie auch emotionale Resilienz auf. Wenn Sie sich auf die Tugenden konzentrieren, werden Sie automatisch immun gegen negative Gedanken, denn

Wut, Angst, Verzweiflung und dergleichen kommen alle von unrichtigen Werturteilen. Im nächsten Kapitel befassen wir uns näher mit den Schattenseiten des Lebens, damit Sie die erlernten Techniken nutzen können, um negatives Denken zu bekämpfen oder vielmehr um negative Gedanken und Gefühle möglichst schon im Vorfeld zu stoppen.

Kapitel 6
Emotionale Resilienz in der Praxis

Unverwundbar ist nicht das, wogegen kein Schlag geschieht, sondern, was nicht verletzt wird. Das ist das Kennzeichen, das ich dir für den Weisen gebe.

SENECA, VON DER UNERSCHÜTTERLICHKEIT DES WEISEN

Negative Gedanken in Schach halten

In diesem Kapitel nutzen Sie Ihre Werkzeuge – die Disziplinen und Tugenden –, um etwas hinter sich zu lassen, mit dem jeder zu kämpfen hat: negatives Denken. Sie lernen, negative Gedanken in den Griff zu bekommen und sogar ganz abzulegen. Zudem werden Sie feststellen, dass emotionale Resilienz und das Entwickeln positiver Gefühle zwei Seiten einer Medaille sind. Wir alle müssen entscheiden, wie wir auf die Herausforderungen, die sich uns stellen, reagieren. Konzentrieren Sie Ihre Energie auf das, was Sie kontrollieren können, und stellen Sie Ihre Tugend über alles andere, dann werden Sie auch in schwierigsten Situationen positiv bleiben. Und wenn sich doch negative Gedanken einschleichen? Dann lassen Sie sich nicht abschrecken und kommen schnell wieder in den guten Fluss des Lebens.

Wenn etwas Schlimmes geschieht

Die stoische Gefühlslehre gründet sich immer auf Werturteilen. Sie haben bereits gelernt, dass der Wunsch nach gleichgültigen Dingen schädlich sein kann. Auf die gleiche Weise entstehen negative Gefühle, wenn Sie Ihre Wünsche oder Abneigungen auf die falschen Dinge richten. Vielleicht werden Sie wütend, wenn Sie nicht bekommen, was Sie wollen, oder Sie sind traurig, wenn Sie Dinge verlieren. Sie haben nur eine einzige Möglichkeit, diesen Kreislauf zu durchbrechen: Lenken Sie Ihre Aufmerksamkeit auf das, was Sie bereits besitzen und was Ihnen niemals genommen werden kann, Ihre Tugend. Mit dieser Lebenseinstellung nutzen Sie nicht nur die emotionale Resilienz in einer sich ständig verändernden Welt, sondern kultivieren auch weiterhin Ihre Positivität. Lassen Sie uns nun mit allen Werkzeugen gegen die negativen Gedanken vorgehen, die der Stoizismus uns zur Verfügung stellt.

Zum Nachdenken

Bestimmte Situationen oder auch bestimmte Menschen scheinen immer das Schlechteste in Ihnen hervorzurufen.

- Was kann derzeit bei Ihnen negative Gedanken hervorrufen?
- Welche stoischen Werkzeuge lassen sich in dieser Situation anwenden, um diese ungesunde Haltung zu überwinden?

Emotionale Resilienz entwickeln

> Es gibt andere Dinge, die den Weisen treffen, ohne ihn indes aus der Fassung zu bringen, etwa Körperschmerz und Gebrechlichkeit oder Verlust von Freunden und Kindern, oder die schwere Not des vom Krieg heimgesuchten Vaterlandes. Ich sage nicht, dass der Weise diese Schläge nicht fühlt, denn ich schreibe ihm nicht die Härte von Stein und Eisen zu. Das ist keine Tugendkraft, wenn man sich nicht dessen bewusst ist, was man ertragen hat. Wie steht es also um den Weisen? Von manchen Schlägen fühlt er sich getroffen, aber er überwindet den Schmerz, heilt ihn und macht ihm ein Ende. Was aber jene Nichtigkeiten anlangt, so fühlt er sie überhaupt nicht, wendet also gegen sie die Tugendkraft nicht an, mit der er die Härten des Schicksals erträgt; er nimmt entweder gar keine Notiz von ihnen oder erklärt sie für lächerlich.
>
> SENECA, VON DER UNERSCHÜTTERLICHKEIT DES WEISEN

Ein im stoischen Sinn vollkommen weiser Mensch würde niemals eine negative Geisteshaltung einnehmen, denn seine Gedanken wären immer positiv. Solch eine Person, von den Stoikern »der Weise« genannt, hat Ersteindrücke wie jeder andere Mensch auch, fällt aber gesunde Werturteile und erliegt daher niemals Gefühlen wie Ärger, Verzweiflung, Angst oder Ähnlichem. Der Weise ist ein Ideal; wir sind natürlich nicht perfekt und werden weiterhin Fehler machen. Doch wenn wir den Stoizismus praktizieren, werden wir nach und nach echte Fortschritte machen.

Die Werkzeuge, mit denen wir die Positivität entwickeln, helfen auch dabei, das Negative in Schach zu halten. Die Angst rät

Ihnen, einem schwierigen Gespräch mit einem Freund aus dem Weg zu gehen; die Dichotomie der Kontrolle und die Disziplin des Handelns sagen Ihnen, dass solche Gespräche gleichgültig sind und dass Sie versuchen müssen, Menschen, die Ihnen nahestehen, zu helfen. Der Neid lässt Sie begehren, was ein anderer hat, aber die Disziplin des Verlangens erinnert Sie daran, dass Sie alles haben, was Sie brauchen, um zufrieden zu sein. Dies lässt sich durch ständiges Üben erreichen. Nutzen Sie Ihre Werkzeuge unentwegt, dann kann das Negative im idealen Fall gar nicht erst Wurzeln schlagen. Wenn es das doch tut, wissen Sie genug, um es zu erkennen und entsprechend zu handeln.

Seneca schreibt in einem Brief, der mit »Über die Wut« überschrieben ist: »Der beste Rat ist es, die erste Regung von Wut auf der Stelle von sich zu weisen, ihre Angriffe gleich im Keime zu ersticken und alles daranzusetzen, nicht in die Gewalt der Wut zu kommen. Denn hat sie einmal angefangen, uns vom rechten Weg abzubringen, so ist es schwer, wieder in einen gesunden Zustand zurückzukehren.« Seneca führt weiter aus, dass das Denken nicht von außen beeinflussbar ist, da man selbst seinen Geist steuert. Wenn Sie wütend sind, ist diese Wut ein Teil Ihrer Geisteshaltung und lässt sich deshalb schwer unterbinden. Am besten wird Ihnen dies gelingen, wenn Sie die stoische Philosophie richtig beherrschen. Denken Sie daran, dass Ihnen gleichgültige Dinge »nichts bedeuten« und Ihnen niemand etwas genommen hat – »es wurde zurückgegeben«. Eine solche Herausforderung bietet neue Möglichkeiten zum Einüben der Tugend. Wenn Sie diese Techniken beherrschen, werden Sie das Negative in Schach halten können.

Wenn trotz Ihrer stoischen Abwehrmechanismen negatives Denken aufkommt, machen Sie sich als Erstes bewusst, dass Sie sich von der Lebensharmonie entfernen. Die Disziplin der Zustimmung unterstützt Sie darin, auf Ihre Gedanken zu achten und alles auszusortieren, was nicht mehr dienlich ist. Ruft ein Ereignis negative Gefühle bei Ihnen hervor, können Sie zum Beispiel sagen: »Das ist nur eine Vorstellung.« Anschließend bringen Sie Ihren Geist wieder in eine friedlichere Grundhaltung. Sie können mithilfe der *neutralen Beschreibung* übermächtige Wünsche oder Abneigungen entzaubern und wieder auf einen gesunden Weg kommen. Es besteht auch die Möglichkeit, die Herausforderung *einzuklammern*, damit Sie mehr Raum für klare Gedanken bekommen. Durch kontinuierliches Üben nähern Sie sich Senecas weisem Menschen an und werden widerstandsfähig gegenüber Dingen, an denen Sie sich früher gestört haben. Nach einigem Üben werden Sie Dinge, die Sie früher geärgert haben, somit gar nicht mehr wahrnehmen!

Früher war ich ein Mensch, der immer das letzte Wort haben musste. Es störte mich regelrecht, wenn ich nicht als »Gewinner« aus einer Diskussion hervorging. Der Stoizismus hat mich gelehrt, mehr Wert darauf zu legen, wie ich mich während eines Gesprächs verhalte, als darauf, wie das Gespräch endet. Habe ich alles gesagt, was ich sagen wollte? Habe ich meinem Gegenüber eine Chance gegeben, meinen Standpunkt zu verstehen? Habe ich ihm offen und aufmerksam zugehört? Wenn ja, habe ich mein Bestes getan. Wenn heute jemand versucht, mich herabzusetzen, meinen Standpunkt falsch darzustellen oder ohne Grund meine Aufmerksamkeit einzufordern, fällt mir das kaum noch auf. Ich bin zufrieden, und alles andere ist nicht mein Problem. Das ist richtig befreiend!

Stellen Sie sich vor, jemand drängelt sich in einer Schlange vor. Was empfinden Sie dabei? Vielleicht sind Sie zuerst wütend. Diese Person sollte schließlich wissen, was sich gehört. Bevor Sie diesem Gefühl freien Lauf lassen, denken Sie an die *zwei Missionen* – Sie müssen in dieser Schlange stehen, aber Sie wollen auch die

Harmonie aufrechterhalten. Wollen Sie sich von dieser Person Ihr Glück nehmen lassen? Nein, natürlich nicht. Sie kann Ihnen Ihr Glück nicht nehmen; das können nur Sie, wenn Sie einem unrichtigen Werturteil nachgeben. Sie entscheiden sich also, zufrieden zu bleiben. Trotzdem können Sie die betreffende Person auf ihren Fehler ansprechen (solange Sie sich dabei sicher fühlen). Sie hätte sich nicht vordrängeln dürfen. Wenn Sie sich jedoch dafür entscheiden, die Person anzusprechen, tun Sie das mit Tugend, mit der besten Version Ihres Selbst, und nicht unter dem Einfluss dessen, was die Stoiker *Leidenschaften* nennen. Apropos Leidenschaften: Schauen wir uns die stoische Sicht auf negative Geisteshaltungen etwas genauer an.

Zum Nachdenken

> Halte fest an dem folgenden Grundsatz und lass um keinen Preis davon ab: dem Unglück nicht zu unterliegen, dem Glück nicht zu trauen und des Schicksals launenhafte Willkür immer im Auge zu behalten in dem Sinn, als werde es, was es ausführen kann, auch ausführen. Worauf man lange gefasst ist, verliert an Schärfe, wenn es schließlich eintrifft.
>
> SENECA, BRIEFE AN LUCILIUS, 78

Wandel ist etwas Unumgängliches. Die Stoiker sagen, alles muss sich wandeln, sonst kann nichts Neues entstehen. Menschen, die sich vom Wandel verstören lassen, werden im stoischen Sinne für töricht gehalten. Wieso haben sie den Wandel nicht kommen sehen? Er ist schließlich überall. Seneca will uns sagen, dass Sie Herausforderungen nicht ausweichen sollen und auch nicht erwarten dürfen, dass einfache Zeiten fortdauern. Sie sollen Ihre Harmonie ungeachtet der Höhen und Tiefen des Lebens erhalten.

- Mit welchen Werkzeugen können Sie sich auch in schwierigen Zeiten weiterentwickeln?
- Welche Werkzeuge helfen Ihnen, die guten Dinge des Lebens frohgemut anzunehmen und gleichzeitig anzuerkennen, dass sie sich unweigerlich ändern werden?

Negative Gefühle

Die Stoiker bezeichnen negative Geisteshaltungen als *Leidenschaften.* Für sie sind Leidenschaften Krankheiten des Geistes, die geheilt werden müssen. Ich habe Sie bereits mit den *positiven Leidenschaften* bekannt gemacht; Sinn ist es also nicht, dass Sie dem Leben leidenschaftslos oder kalt gegenüberstehen sollen. Leidenschaften sind in der Sprache der Stoiker Geisteshaltungen, die auf unrichtigen Werturteilen beruhen. Leidenschaften stehen nicht im Einklang mit dem Leben. Sie ermöglichen keine Weiterentwicklung, weil sie in eine falsche Richtung führen. Ein Beispiel: Sie empfinden Angst und wollen einer Sache aus dem Weg gehen. Der Stoizismus sagt Ihnen, dass es sich bei dieser Sache um etwas Gleichgültiges handelt und nicht wert ist, sich davor zu fürchten. Oder Sie sind traurig, weil Sie etwas wollen, was Sie nicht bekommen können. Aber eigentlich ist diese Sache es gar nicht wert, sich zu grämen. Leidenschaften sind immer Fehler. Der Stoizismus schult Sie darin, diese Fehler zu vermeiden und sich zu korrigieren, wenn Sie merken, dass Sie auf dem falschen Weg sind. Die Stoiker kennen vier Hauptleidenschaften:

- Angst
- Begierde

- Lust
- Trauer

Diese wollen wir im Folgenden näher betrachten.

Angst

Angst ist die Erwartung eines kommenden Übels, ein Schrumpfen des Verstands. Angst erzeugt Gefühle wie Schrecken, Unentschlossenheit, Scham, Entsetzen, Panik und Kummer. Angst ist auf die Zukunft gerichtet, aber auf die falschen Dinge. Scham zum Beispiel ist die Angst vor einer Blamage, aber wer sollte Ihrem Ruf schaden können? Wenn Sie tugendhaft handeln, kann niemand Ihrem Ruf schaden; gleichzeitig kann niemand Sie zwingen, auf Tugend zu verzichten. Das Gegenteil von Angst ist die Vorsicht, eine positive Leidenschaft, und das Gegenmittel zur Angst ist die konsequente Ausübung der Disziplin des Verlangens. Die Dichotomie der Kontrolle hilft auch bei der Überwindung von Angst. Ängste beziehen sich immer auf gleichgültige Dinge. Wenn Sie lernen, Gleichgültiges als etwas zu sehen, das außerhalb Ihrer Kontrolle liegt, werden Sie die Ängste loslassen können.

Begierde

Begierde ist ein irrationales Verlangen nach etwas vermeintlich Gutem. Es ist ebenfalls auf die Zukunft gerichtet. Verlangen, Hass, Streit, Ärger, Lust, Zorn und Wut sind alles Leidenschaften im Sinne der Begierde. Bei der Begierde geht es um Unzufriedenheit mit der Welt und den Versuch, dieses Gefühl mit gleichgültigen Dingen zu beheben. Die Disziplin des Verlangens hilft Ihnen, die Begierde, den Zwilling der Angst, zu überwinden. Die positive Entsprechung der Begierde ist der Wunsch. Die Dichotomie der Kontrolle ist also auch auf dieses Problem anwendbar. Wenn Ihr Verlangen nur auf Ihre eigenen tugendhaften Handlungen gerichtet ist, dann werden Sie keine überwältigende Begierde auf gleichgültige Dinge verspüren.

Lust

Lust bezeichnet das unangebrachte Hochgefühl über etwas, das im Hier und Jetzt gut zu sein scheint. Lust umfasst die Freude über das Unglück eines anderen, die Selbstbefriedigung und die Ausgelassenheit und Zerstreuung, was die Stoiker als Abwesenheit von Tugend bezeichneten. Lust bindet Ihr Wohlbefinden an die Dinge, die Sie besitzen, oder an den jeweiligen Augenblick, doch beides kann Ihnen genommen werden. Das Gegenteil von Lust ist die Freude, eine Geisteshaltung, die trotz der Vergänglichkeit der Dinge das Positive hervorhebt.

Es mag seltsam erscheinen, dass es eine auf die Gegenwart bezogene Leidenschaft geben kann, soll der Stoizismus doch im gegenwärtigen Augenblick gelebt werden. Die Konzentration auf das Hier und Jetzt muss allerdings auf die richtige Weise geschehen. Meine fünfjährige Tochter zum Beispiel weint oft, wenn ihre Freundinnen nach Hause gehen müssen. Ich sage ihr zehn Minuten vorher, dass es bald so weit sein wird, oder bereite sie auf andere Weise vor, aber wenn der Moment des Abschieds kommt, ist sie am Boden zerstört. Sie hat ihr Glück in die Gegenwart der Dinge gelegt, aber diese (einschließlich des aktuellen Moments) gehören zu den gleichgültigen Dingen. Der auf die Gegenwart fokussierte Stoiker würde sich stattdessen auf Dinge konzentrieren, die er unter ihrer Kontrolle hat. Er sucht Lust nicht in gleichgültigen Dingen, sondern findet Freude in der Tugend. Wie gesagt: Das Gegenteil von Lust ist die Freude, eine Geisteshaltung, die trotz der Vergänglichkeit der Dinge das Positive betont.

In seinen Selbstbetrachtungen (10.11) schreibt Mark Aurel über den weisen Menschen: »Was aber andere Menschen über ihn sagen oder denken oder was sie ihm antun, ist nichts, woran er selbst denkt. Denn er selbst ist mit zwei Dingen zufrieden: nämlich im Hier und Jetzt das Rechte zu tun, und in Liebe hinzunehmen, was ihm jetzt zugeteilt wird.« Die (negative) Leidenschaft Lust kann überwunden werden, wenn man bei jeder Handlung die Exzellenz des Charakters im Auge behält und sich auf Amor Fati konzentriert, die Liebe und Akzeptanz des gegenwärtigen Augenblicks.

Trauer

Der Zwilling der Lust ist die Trauer, ein Zustand, bei dem sich der Verstand auf eine irrationale Weise von etwas bereits Vorhandenem zurückzieht. Missgunst, Neid, Eifersucht, Mitleid, Kummer, Sorgen, Verdruss, Verärgerung und Angst rühren alle von der Trauer her. Trauer hat keine entgegengesetzte Leidenschaft. Trauer wird überwunden, indem man den guten Leidenschaften Raum für Entwicklung gibt. Eine Technik, die mir besonders gut gegen Trauer hilft, bezeichne ich als »Festival«.

Den Tag zum Fest machen!

Wenn du allein bist, solltest du diesen Zustand Ruhe und Freiheit nennen, und dich für göttergleich halten; bist du aber unter vielen, so musst du nicht gleich von einer Horde reden, von Gedränge, Ärger und Unruhe, sondern von einer Festversammlung und einer feierlichen Zusammenkunft — auf diese Weise wirst du mit allem zufrieden sein.

EPIKTET, UNTERREDUNGEN, 1,12

Ich habe mich auf lauten Konzerten schon bestens vergnügt. Ich habe mir in Cafés von einer etwas zu lauten Unterhaltung am Nebentisch schon den Tag verderben lassen. Epiktet weist darauf hin, dass wir auf einer Festversammlung den Menschen gegenüber viel toleranter sind als an einem gewöhnlichen Tag. Er schlägt vor, dass wir uns von der Vorstellung der Horde lösen und stattdessen jeden Tag zu einem Fest machen! Wann immer Sie sich von den Sie umgebenden Menschen genervt fühlen – halten Sie inne. Holen Sie tief Luft. Sagen Sie: »Festival«, und denken sich dabei: »Das ist ein Festival, diese Leute sind meine Leute, ich nehme sie an und bin zufrieden.«

Die neutrale Beschreibung und das Irrationale

Die neutrale Beschreibung ist eine Weisheitsübung, die Ihnen hilft, gegen Lust und Begierde anzukämpfen. Mark Aurel schrieb, dass er diese Technik zur Entzauberung von Sex einsetzte, wenn er fürchtete, eine Entscheidung aus einer sinnlichen Lust heraus zu treffen. Er sagte, es handele sich nur um eine Reibung, einen kurzen Krampf und eine klebrige Flüssigkeit – nicht sehr schmeichelhaft, diese Beschreibung. Wenn Sie die stabile, positive Leidenschaft aufbauen wollen, die wir Freude nennen, darf Ihr Glück nicht auf Dingen basieren, die Ihnen genommen werden können, oder auf zukünftigen Dingen, die es vielleicht nie geben wird. Wenn Sie mit etwas konfrontiert werden, halten Sie inne und beschreiben Sie es in seiner grundlegendsten Form. Fügen Sie keine Werturteile hinzu. Wenn Sie etwas tun wollen, von dem Sie wissen, dass es Ihren Interessen zuwiderläuft, zerlegen Sie es in seine einzelnen Bestandteile. Entzaubern Sie es, damit Sie mit klarem Kopf weitergehen können.

Was ist an diesem Moment so unerträglich?

> Lass dich nicht durch die Betrachtung deines Lebens in seiner Gesamtheit entmutigen! Fasse nicht alle Unannehmlichkeiten, die dir vielleicht noch begegnen könnten, nach Beschaffenheit und Menge auf einmal in Gedanken zusammen, sondern frage dich vielmehr bei jeder einzelnen, wenn sie da ist: Was ist denn daran eigentlich nicht zu ertragen und auszuhalten? Die Antwort darauf wird dir peinlich sein. Dann erinnere dich, dass Vergangenheit und Zukunft keine Macht über dich haben. Nur die Gegenwart. Und zwar immer die Gegenwart; und sie wird zu einem noch kleineren Ding, wenn sie auf diese Weise isoliert wird und wenn der Geist, der etwas so Geringfügiges nicht aushalten kann, gezüchtigt wird.
>
> Mark Aurel, Selbstbetrachtungen, 8,36

Das emotionale Gewicht eines Ereignisses entspringt hauptsächlich Ihrer Vorstellung. Körperliche Krankheit, Kummer und Angst scheinen nie wieder zu verschwinden. »Mir wird es immer so gehen«, sagen Sie sich vielleicht. Das stimmt zwar nicht, kann sich aber so anfühlen. Mark Aurel sagte, man solle seine

Sorgen auf das Gegenwärtige beschränken. Er betrachtete den Augenblick und fragte: »Ist das wirklich unerträglich? Ist dieser Moment derjenige, der mich zerstören wird?« Die Antwort war immer Nein. Das Hier und Jetzt ist ein so kleiner Moment im Vergleich zu der riesigen, ungewissen Zukunft. Machen Sie es wie Mark Aurel. Wann immer Sie meinen, von einer Sache erdrückt zu werden, kreisen Sie die Gegenwart ein und untersuchen Sie den Moment. Was macht diese Minute so schwer? Schaffen Sie es, die Gegenwart hinter sich zu lassen und einen Schritt nach vorn zu gehen? Ja, Sie schaffen das.

Bewerten Sie Ihre Gefühle

An welchen negativen Geisteshaltungen müssen Sie am meisten arbeiten? Bewerten Sie sich selbst auf einer Skala von 1 bis 5, wobei 1 für ein sehr positives Gefühlsleben und 5 für ein von einer negativen Geisteshaltung beherrschtes Gefühlsleben steht.

Angst ____
Begierde ____
Lust ____
Trauer ____

Die negative Visualisierung

Gerade in sorglosen Zeiten soll sich der Mensch auf schwere Tage gefasst machen und gegen Schicksalsschläge wappnen, solange es ihm noch gut geht. In Friedenszeiten führt der Soldat Manöver durch, er

> hebt Gräben aus, ohne dass ein Feind in Sicht ist, und wird durch überflüssige Strapazen müde, damit er dem Notwendigen gewachsen ist. Wenn du nicht möchtest, dass jemand im Krisenfall zurückschreckt, so trainiere ihn, bevor ein solcher Fall eintritt. Diesen Kurs haben auch jene Männer eingeschlagen, die sich selbst in ihrer Imitation der Armut jeden Monat beinahe mittellos zurückließen, sodass sie sich niemals vor dem fürchteten, was sie oft geprobt hatten.
>
> SENECA, BRIEFE AN LUCILIUS, 18.6

Die Stoiker glaubten, dass man die großen Herausforderungen des Lebens einstudieren sollte. Sie verwendeten dafür sowohl Visualisierungstechniken als auch körperliche Übungen, um auf unvermeidliche Veränderungen vorbereitet zu sein. Sie hofften, dass sie weiter ein Leben in Harmonie führen könnten, wenn sie dann mit echten Herausforderungen konfrontiert wären. Von welchen Herausforderungen würden Sie aus der Bahn geworfen werden? Von einer unheilbaren Krankheit? Einem geliebten Menschen, der im Sterben liegt? Sie wissen bereits, dass diese Dinge für den Stoiker gleichgültig sind, da sie seine Tugend nicht erschüttern können. Doch auch die Stoiker waren Menschen und wussten, dass solche Ereignisse das innerste Selbst treffen. Daher entwickelten sie die Angewohnheit, die »schlimmsten« Herausforderungen mental zu durchleben, um eine stoische Sichtweise einzuüben und mit allen möglicherweise auftauchenden unrichtigen Werturteilen fertigzuwerden.

Die mentale Erprobung großer Herausforderungen nennen wir »negative Visualisierung«. Man könnte sie auch als Vorbereitung von Widrigkeiten bezeichnen oder Vorbereitung von Herausforderungen. Es geht dabei um die Visualisierung von

Worst-Case-Szenarien. Stellen Sie sich vor, Sie wären jetzt, in diesem Moment, mit einem riesigen Problem konfrontiert. Nun setzen Sie Ihre Werkzeuge ein, die Dichotomie der Kontrolle und die Disziplinen und konzentrieren sich auf die Tugend. Trainieren Sie, wie Sie eine stoische Haltung bewahren, während Sie sich mit dem Problem befassen.

- Was haben Sie unter Kontrolle?
- Was sollten Sie sich wünschen und was vermeiden?
- Geben Sie den aufkeimenden Werturteilen nach oder weisen Sie sie zurück?
- Wie sollten Sie handeln?
- Wie könnten Sie dabei Ihre Harmonie bewahren?
- Könnten Sie in diesem Moment sogar Freude empfinden, obwohl andere Ihr Leben als eine Katastrophe ansehen würden?

Mit der Hilfe solcher Übungen erlangen Sie Frieden und Harmonie, und zwar nicht nur im Augenblick, sondern auch in der Zukunft, wenn vielleicht große Herausforderungen auf Sie zukommen. Ereignisse, auf die wir vorbereitet sind, erschüttern uns weniger, sagt Seneca. Negative Visualisierungen können uns zumindest dabei helfen, immun gegen zukünftige Ereignisse zu werden. Diese Übungen bieten auch die Chance, Ihr stoisches Denken zu stabilisieren und dadurch die Härte eines Problems abzuschwächen. Dann werden Sie sich auch dann weiterentwickeln, wenn Sie sich der Herausforderung unmittelbar stellen. Erstellen Sie eine Liste mit den härtesten Herausforderungen, die Sie sich vorstellen können, Herausforderungen, die Sie richtig aus der Bahn schleudern würden. Üben Sie die negative Visualisierung regelmäßig mithilfe der oben genannten Fragen. Ich werde

Sie im Folgenden mit zwei weiteren Übungsvarianten vertraut machen.

Mit weniger auskommen

Seneca forderte die Stoiker auf, zeitweise auf die schönen Dinge des Lebens zu verzichten. Als reicher und einflussreicher Römer wollte er so sich selbst ermahnen, dass Besitztum etwas Gleichgültiges ist und er auch dann zufrieden sein sollte, wenn er ihm genommen würde. Seneca zog sich regelmäßig für ein paar Tage oder eine Woche in ein spärlich eingerichtetes Zimmer zurück, schlief auf einer harten Unterlage, aß fade, einfache Speisen und philosophierte darüber, ob das gute Leben von äußeren Dingen abhinge oder in ihm selbst begründet sei.

Diese Methode können Sie auch auf Ihr eigenes Leben anwenden. Überlegen Sie, worauf Sie für eine Weile verzichten könnten, um Ihre tugendhafte Persönlichkeit losgelöst von Ihren Besitztümern zu sehen. Nehmen Sie zum Beispiel eine Woche lang jeden Tag die gleiche, einfache Mahlzeit zu sich. Viele Stoiker duschen kalt, sie üben sich darin, diese Art von Unannehmlichkeit als Gleichgültiges hinzunehmen. Sie könnten auch einige Tage lang auf Fernsehen oder Internet verzichten. Einerlei wofür Sie sich entscheiden, Sie sollten sich zusätzlich zu den Übungen die folgenden Fragen stellen und sie mithilfe Ihrer stoischen Werkzeuge beantworten:

- Was haben Sie unter Kontrolle?
- Was wünschen Sie sich und was vermeiden Sie besser?
- Stimmen Sie den aufkommenden Werturteilen zu oder lehnen Sie sie ab?

- Wie verhalten Sie sich am besten?
- Bewahren Sie Ihre Harmonie?
- Finden Sie trotz der Entbehrungen Freude im Hier und Jetzt?

Ich wusste, dass ich sterblich bin

Bei der Lektüre stoischer Philosophen werden Sie feststellen, dass sehr oft vom Tod die Rede ist. Dem Tod kann schließlich niemand entkommen. Die Stoiker waren der Meinung, dass es für den Philosophen unerlässlich sei, sich mit dieser Tatsache abzufinden, da sonst die Angst vor dem Tod ein Handeln in Weisheit stören würde. Sokrates und Cato, beide stoische Vorbilder ihrer Zeit, zogen es vor zu sterben, anstatt ein weniger tugendhaftes Leben zu führen. Laut Epiktet wurden Feldherren, wann immer sie durch Rom zogen, von Sklaven begleitet, deren Aufgabe es war, sie flüsternd an ihre Sterblichkeit zu erinnern und sie so zur Demut zu ermahnen. Die negative Visualisierung des eigenen Todes kann helfen, das Leben als etwas Gleichgültiges hinzunehmen.

Epiktet empfiehlt Ihnen den Satz: »Ich wusste, dass ich sterblich bin«, wenn Sie über Ihren Tod nachdenken. In seinen Unterredungen 3.24, sagt er, dass Sie sich nicht vom Tod überraschen lassen sollten, da dieser unvermeidlich ist. Der Tod liegt auch nicht in Ihrer Hand; er ist außerhalb Ihrer Kontrolle – er gehört zu den gleichgültigen Dingen. Wir leben im Einklang mit der Natur und sollten den Tod als gegeben akzeptieren. Demgemäß sagen Sie sich: »Heute ist mein letzter Tag.« Denken Sie an den Tod als etwas Unausweichliches und Natürliches, das außerhalb Ihrer Kontrolle liegt. Überlegen Sie, wie Sie auf den Tod reagieren wollen, wenn es so weit ist.

Eine positive Geisteshaltung unterstützt Ihr positives Handeln. Mithilfe Ihrer stoischen Werkzeuge erlangen Sie emotionale Freiheit und finden auch den Mut, nach Gerechtigkeit zu streben, wo immer Sie können. Im nächsten Kapitel werden Sie Ihre positive Grundeinstellung dafür nutzen, entschieden für sich selbst, Ihre Umgebung und die Welt als Ganzes einzutreten.

Kapitel 7
Dienen

Wenn du Schwierigkeiten hast, bei Tagesanbruch aus dem Bett zu kommen, sage dir: »Ich muss zu meiner Arbeit als menschliches Wesen. Was soll ich mich beklagen, wenn ich tue, wofür ich geboren bin – für jene Dinge, für die ich auf dieser Welt bin? Oder ist es das, wofür ich geschaffen wurde? Mich unter der Decke zu verkriechen, damit ich es warm habe?«

Mark Aurel, Selbstbetrachtungen, 5.1

Nach stoischer Auffassung ist der Mensch von Natur aus sozial und dazu bestimmt, positive Beziehungen mit anderen einzugehen. Die Disziplin des Handelns repräsentiert diese Sichtweise am besten. Wir haben bereits dargestellt, dass das Handeln immer auf die Gemeinschaft ausgerichtet sein muss. Auch wenn Sie sich auf das konzentrieren, was in Ihrer Kontrolle liegt, entscheiden Sie sich für einen Weg, von dem alle profitieren, nicht nur Sie. Bei Ihrer Morgenmeditation werden Sie daran erinnert, dass andere Menschen Ihnen womöglich im Weg stehen, Sie aber trotzdem Ihr Bestes geben können, um ihnen zu helfen. Sie sind dafür bestimmt, ein Leben im Dienst an der Gemeinschaft zu führen. Wir wollen uns darauf konzentrieren, auch in Beziehungen eine stoische Grundhaltung zu bewahren. Ob Familie,

Freunde oder Fremde, Sie werden lernen, so zu handeln, dass Sie und die anderen einen Nutzen davon haben, und sich dabei von Ihrer Tugend leiten lassen.

Wie Stoiker mit anderen umgehen

Was immer wir also als gleichzeitig liebevoll und mit der Vernunft vereinbar erkennen, das erklären wir getrost für richtig und gut.

Epiktet, Unterredungen, 1.11

Der Stoizismus ist eine Philosophie der Liebe. Die stoischen Philosophen sprachen nicht nur von ihrer Liebe zur Weisheit, sondern auch über die Philanthropie, die Liebe zu den Menschen. Die stoische Lehre kennt den Begriff *Oikeiosis,* einen ethischen Prozess, in dem die Fähigkeit zu lieben schrittweise entwickelt wird, bis man sich der ganzen Welt zugeneigt fühlt. *Oikeiosis* ist ein komplexer Begriff, der, auf einen Nenner gebracht, beinhaltet, dass alle Tiere von Geburt an Liebe und Selbsterhaltung kennen. Soziale Tiere, die Menschen eingeschlossen, dehnen diese Liebe zuerst auf ihre unmittelbaren Bezugspersonen aus, dann auf die erweiterte Familie, und wenn wir uns richtig entwickeln, lernen wir, uns der ganzen Menschheit hinzuwenden. Der Stoiker Hierokles beschrieb diese Entwicklung mithilfe von konzentrischen Kreisen. Der erste Kreis der Hinwendung betrifft Sie selbst. Der nächste ist die unmittelbare Familie, gefolgt von der erweiterten Familie und Freunden. Danach kommt Ihre Gemeinde, dann die umliegenden Gemeinden, Ihr Land und schließlich die gesamte Menschheit. Im modernen Stoizismus werden die Kreise oft auch auf Bereiche außerhalb der Menschheit erweitert, damit wirklich die ganze Welt mit all ihren Lebewesen umfasst wird. Hierokles zufolge sollen wir die äußeren Kreise näher an uns heranziehen. Wir sollen uns ganz bewusst den anderen öffnen und sie in unsere Nähe ziehen. Der Stoiker umarmt die Welt.

Sie wissen natürlich, dass die Welt Ihre Hinwendung nicht immer erwidert. Der Stoizismus erwartet keine naive Akzeptanz durch die anderen. Denken Sie bei Ihren Beziehungen an die positiven Leidenschaften. Sie *wünschen* für die anderen das Beste, aber Sie schützen sich durch Vorsicht, wenn Menschen nicht ihr bestes Verhalten an den Tag legen. Ein gutes Beispiel für diese Vorsicht findet sich in den *Selbstbetrachtungen* von Mark Aurel (6.20), wo er das Bild eines Sportkampfes verwendet:

»Im Ring können unsere Gegner uns mit ihren Nägeln kratzen und uns Kopfstöße versetzen, sodass wir blaue Flecken davontragen, und doch sind wir ihnen deshalb nicht gram. Wir regen uns nicht auf und betrachten sie fortan auch nicht als Gewalttäter. Wir nehmen uns anschließend lediglich vor ihnen in Acht. Nicht aus Hass oder Argwohn. Wir bleiben nur auf wohlwollender Distanz. Das sollten wir auch in anderen Lebensbereichen beherzigen. Entschuldigen, was unsere Sparringspartner tun, und auf Distanz gehen – ohne Argwohn oder Hass.«

Wenn Menschen aus Unwissenheit handeln, handeln sie unrichtig. Der Stoizismus sagt sogar, dass alle unrichtigen Handlungen aus Unwissenheit über einen besseren Weg entstünden. Dies sollen Sie auch anderen zugestehen, weil es dem Menschen eigen ist. Allerdings können Sie auch freundliche Distanz halten. Einer Person den Raum zum Wachsen zu geben, bedeutet nicht, sich selbst in Gefahr zu bringen. Daran sollten Sie immer denken. Stoische Resilienz und die damit einhergehende positive Geisteshaltung können befreiend sein. Sie können Verletzung,

Groll und Angst hinter sich lassen und offen dafür werden, andere zu lieben und zu akzeptieren. Dennoch gibt es Situationen, in denen die Weisheit von uns verlangt, uns abzuwenden. Mut hilft uns einerseits bei der Überwindung großer Herausforderungen, ermöglicht uns aber auch, Situationen zu verlassen, die uns erdrücken.

Wann immer Sie mit einer schwierigen Person konfrontiert sind, denken Sie an die folgenden Überlegungen aus den *Selbstbetrachtungen* von Mark Aurel (7.26):

»Wenn Menschen dich verletzen, frag dich, was sie sich daraus wohl Gutes oder Schlechtes erhofft haben. Wenn du dies verstehst, wirst du eher Sympathie empfinden als Empörung oder Ärger. Dein Sinn für gut und böse mag derselbe sein wie der ihre oder ihm zumindest nahekommen. Dann musst du sie entschuldigen. Oder dein Sinn für gut und böse ist anders als der ihre. In diesem Fall sind sie im Irrtum und verdienen dein Mitgefühl. Ist das wirklich so schwer?«

Es kann anstrengend, aber auch sehr lohnend sein, in einer schwierigen Situation seinen persönlichen Frieden zu bewahren. Denn warum sollten Sie einer anderen Person ermöglichen, Ihnen die schwer erarbeitete Harmonie zu rauben?

Wenn sie von meinen Fehlern wüssten

Wenn du hörst, dass jemand schlecht über dich gesprochen hat, rechtfertige dich nicht für das Gesagte, sondern antworte: »Offensichtlich wusste er nichts von meinen anderen Fehlern, sonst hätte er nicht nur über diese gesprochen.«

Seneca, Handbüchlein der Moral, 33.9

In Bezug auf die bisher kennengelernten stoischen Praktiken erscheint Selbstironie keine passende Form des Humors. Die Stoiker lehnten Humor jedoch nicht ab, solange er nicht auf Kosten anderer ging. Im oben genannten Zitat empfiehlt Epiktet eine humorvolle Haltung als eine Form der Demut und um eine möglicherweise negative Situation unter Kontrolle zu bekommen. Wenn jemand schlecht hinter Ihrem Rücken über Sie spricht, wie reagieren Sie dann? Viele Menschen würden erwarten, dass Sie sich verteidigen und zum Gegenangriff übergehen, doch keine der beiden Reaktionen entspricht der stoischen Lehre. Man verteidigt sich, wenn man angegriffen wird, aber Worte, die von einem anderen gesprochen werden, der vielleicht nicht einmal in Hörweite ist, fallen in die Kategorie des Gleichgültigen. Die Meinung einer anderen Person über Sie kann Ihre Tugend nicht beflecken. Und den Ruf eines anderen Menschen anzugreifen, kommt einer untugendhaften Handlung gleich. Epiktet schlägt vor: Entschärfen Sie die Situation, indem Sie Ihre Schwächen zugeben und dann zu einem anderen Thema übergehen.

Es erschien ihm eben richtig so

Wann immer dir jemand ein Unrecht tut oder schlecht über dich spricht, denke daran, dass er tut, was er für richtig hält. Er kann sich unmöglich von dem leiten lassen, was dir richtig erscheint, sondern nur von dem, was ihm richtig erscheint. … Davon ausgehend wirst du jedem gegenüber, der dich beleidigt, Milde walten lassen. Sage dir jedes Mal: »Es erschien ihm eben richtig so.«

Epiktet, Handbüchlein der Moral, 42

Es erschien ihm eben richtig so. Dieser Satz hilft Ihnen, im Falle einer Provokation geerdet und in Harmonie zu bleiben. Natürlich wünschen wir uns alle, gar nicht erst verleumdet oder angegriffen zu werden, aber wir können Auseinandersetzungen nicht immer vermeiden. Wie also gelingt es, den guten Fluss des Lebens aufrechtzuerhalten? Indem Sie verstehen, in welcher Situation sich die andere Person befindet. Sie glaubt etwas, das nicht richtig ist. Unrichtige Überzeugungen führen zu negativen Gedanken und Handlungen – den Leidenschaften. Sie können nur versuchen, diese Überzeugungen zu ändern, aber wahrscheinlich sind Sie nicht in der Lage, die Person eines Besseren zu belehren. Sagen Sie sich: »Sie tut, was sie für das Beste hält.« Auf diese Weise können Sie alle negativen Gefühle, die diese Person bei Ihnen ausgelöst hat, hinter sich lassen und sich auf die vor Ihnen liegenden positiven, tugendhaften Handlungen konzentrieren.

Doch eins ist klar: Diese Praxis entlastet niemanden von schlechten Handlungsweisen. Falsch bleibt falsch. Sie nehmen lediglich zur Kenntnis, dass die andere Person aufgrund ihrer unbegründeten Überzeugungen es nicht besser weiß. Sie bleibt dennoch für ihr Verhalten verantwortlich.

Freunde und Familie

> »Der Weise ist sich selbst genug. Dennoch aber wünscht er einen Freund, einen Nachbarn, einen Gefährten zu haben, einerlei wie sehr er sich auch selbst genügt.«
>
> Seneca, Briefe an Lucilius, 9.3

Eine enge Beziehung soll Geborgenheit vermitteln und das Beste in Ihnen zum Vorschein bringen. Aber das ist nicht immer der

Fall. Sie kennen die Redensart: »Seine Familie kann man sich nicht aussuchen!«

Selbst Ihre Mitarbeiter können Sie sich oft nicht aussuchen, je nachdem, wo Sie leben oder arbeiten. Dies zehrt möglicherweise an Ihren Kräften und schafft Situationen, für die sämtliche Werkzeuge in Ihrem stoischen Werkzeugkasten erforderlich sind. Und doch verlangt eine stoische Geisteshaltung, an der Tugend festzuhalten und sein bestes Selbst zu sein, unabhängig davon, ob die Mühen vergolten werden oder nicht. Wie ist das zu schaffen?

In den *Unterredungen* 3.28 spricht Epiktet mit einem Schüler, der Probleme mit seinem Vater hat. Er sagt: »Der Vater hat eine bestimmte Aufgabe, und wenn er sie nicht erfüllt, hat er den Vater in sich zerstört, den Mann, der seine Nachkommen liebt, den Mann der inneren Sanftmut. Trachte nicht danach, ihm aufgrund dessen noch etwas anderes zu nehmen. Denn es kommt nie vor, dass ein Mensch in einer Sache fehlgeht, aber in einer anderen beschädigt wird. Dennoch ist es deine Aufgabe, dich fest, respektvoll und ohne Leidenschaft zu verteidigen. Andernfalls hast du in dir den Sohn, den respektvollen Mann, den Mann der Ehre zerstört.«

Dieses Zitat drückt eine typisch stoische Sichtweise aus. In einer Beziehung ist jedem eine Rolle zugewiesen. Der Stoiker kontrolliert natürlich nur seine eigene Rolle. Epiktet sagt, dass die Handlungen des Vaters für den stoischen Schüler nicht von Bedeutung sind, die Beziehung gehört zu den gleichgültigen Dingen. Der Schüler soll sich auf seine eigenen Gedanken und Handlungen konzentrieren, anstatt sich mit den Entscheidungen seines Vaters zu beschäftigen. Er soll niemals den negativen Leidenschaften Raum geben, damit er sich keinesfalls respektlos verhält. Aber er soll sich auch entschlossen wehren. Auch hier gilt: Der Stoizismus lässt Sie nicht in Passivität verharren. Es ist immer richtig, für sich selbst einzutreten, solange Sie dabei die Tugenden nicht außer Acht lassen. Wenn wir die Dichotomie der Kontrolle auf zwischenmenschliche Beziehungen anwenden, bedeutet es nicht, dass Sie weniger in andere Menschen investieren sollen, sondern dass Sie weiser in sich selbst investieren. Sie können andere nicht kontrollieren, und Sie sollten sich auch nicht von den Handlungen anderer kontrollieren lassen. Wenn Sie sich auf das konzentrieren, was Ihnen gehört – Ihre Meinungen, Impulse und Wünsche –, werden Sie richtige Werturteile fällen, sinnvoll handeln und in allen Beziehungen Ihr bestes Selbst sein. Dadurch gestalten sich Ihre Beziehungen meist positiv und freudvoll. Nicht immer werden Ihre Bemühungen erwidert werden, aber Sie haben es versucht und wissen, dass Sie trotz allem in der Lage sind, Ihre Harmonie zu bewahren.

Was lernen Sie aus den Disziplinen über Beziehungen? Die Disziplin des Verlangens ermahnt Sie, von den Menschen in Ihrer Umgebung keine bestimmten Handlungen zu erwarten oder zu fürchten. Stattdessen werden Sie in Beziehungen Ihr Bestes geben und es sich zur Aufgabe machen, andere nicht schlecht zu behandeln. Die Disziplin der Zustimmung gibt Ihnen mentale Werkzeuge an die Hand, damit Sie keine voreiligen Schlüsse über das Handeln anderer Menschen ziehen. Hat jemand gerade etwas Gemeines gesagt? Sie müssen ihn nicht verurteilen, sondern nur entscheiden, wie Sie am besten reagieren. Die Disziplin des Handelns lenkt Ihre Entscheidungen darauf, was beiden zugutekommt. Das schützt Sie davor, auf Kosten eines anderen zu handeln.

Quiz: Stoizismus in sozialen Beziehungen

Ordnen Sie in der folgenden Übung eine Situation einer stoischen Übung zu, die Sie schützen oder wieder in Harmonie bringen kann.

Ein Freund scheint verstimmt zu sein und unwillkürlich denken Sie, dass er wütend auf Sie ist.	**A. Amor Fati**
Ein Elternteil äußert ständig peinliche Dinge, und Sie fürchten, dass dies ein schlechtes Licht auf Sie werfen könnte.	**B. Die Gegenwart einkreisen**
Sie haben gerade ein Rendezvous, müssen aber ständig an mögliche andere Verabredungen denken, die Sie vielleicht noch erwarten.	**C. Du bist nur eine Vorstellung**
Sie haben Besuch von auswärtigen Freunden. Sie haben eine wunderbare Zeit mit ihnen verbracht, aber am nächsten Tag werden sie abreisen.	**D. Sich selbst einkreisen**

Lösung auf Seite 147

Zum Nachdenken

Epiktet sagt, dass man in einer schwierigen Beziehung Leidenschaften vermeiden, respektvoll bleiben und sich angemessen verteidigen sollte. Denken Sie an eine schwierige Beziehung aus Ihrer Vergangenheit oder Gegenwart und überprüfen Sie Ihr eigenes Handeln:

- Wie hätten Sie sich verhalten, wenn Sie bereits Stoizismus praktiziert hätten?
- Wie können Sie sich auf ähnliche Situationen in der Zukunft vorbereiten?

In Gemeinschaft leben

Begreifen wir, dass es zwei Gemeinwesen gibt – das eine ist ein riesiger und wahrhaft gemeinsamer Staat, der Götter und Menschen gleichermaßen umfasst, in dem wir weder auf diesen noch auf jenen Winkel der Erde blicken, sondern die Grenzen unserer Bürgerschaft am Weg der Sonne messen; das andere ist dasjenige, dem wir durch den Zufall der Geburt zugeteilt wurden.

SENECA, ÜBER DIE MUSSE, 4.1

Stoizismus bringt das Beste in Ihnen zum Vorschein, damit Sie Ihr Bestes an die Welt weitergeben können. Viele kleine und große Probleme könnten von weisen und mutigen Menschen wie Ihnen gelöst werden. Sicher, in einer idealen Welt würde jeder Ihre angebotene Unterstützung annehmen und kooperieren, aber eine Gemeinschaft ist ein chaotischer Organismus und die Menschen ziehen nicht immer an einem Strang. Wie soll man als Stoiker damit umgehen?

Wir sind geboren, um zusammenzuwirken wie ein Paar Füße, Hände oder Augen. Wie die zwei Reihen der Zähne oben und unten.

MARK AUREL, SELBSTBETRACHTUNGEN, 2.1

Der Stoizismus betrachtet alle Menschen als Teil eines einzigen Organismus, als eine große menschliche Familie. Dieses Bild ist in allen stoischen Schriften zu finden. In den Unterredungen 2.10 sagt Epiktet: »Was verlangt man nun von einem Bürger? Nichts für seinen ausschließlichen Nutzen zu besitzen, über nichts eine Meinung so abzugeben, als wäre man losgelöst von der Gemeinschaft, sondern so zu handeln, wie es eine Hand oder ein Fuß tun würden, wenn sie Vernunft hätten und die Einrichtung der Natur begreifen könnten: Denn sie würden sich nie in Bewegung setzen, etwas versuchen, erstreben oder betreiben, was gegen das Wohl des Ganzen wäre.«

Das heißt, die Verbindung zwischen den Menschen ist so entscheidend, dass jede Handlung nicht nur unsere eigenen Interessen, sondern auch die der anderen berücksichtigen muss. Dies vervollständigt die Sichtweise, die Sie bereits aus der Disziplin des Handelns kennen, und betrifft auch die mit dieser Disziplin erlernten Übungen. Mark Aurels Morgenmeditation schließt mit den Zeilen: »*Sich gegenseitig Steine in den Weg zu legen ist unnatürlich. Zorn auf jemanden zu empfinden und ihm den Rücken zuzukehren: Das sind bloß Hindernisse.*« Bereiten Sie sich zu Beginn Ihres Tages darauf vor, die nicht so vollkommenen Menschen, denen Sie begegnen werden, zu akzeptieren. Aber seien Sie auch bereit, ihnen zu helfen, wenn sich die Gelegenheit ergibt. Hier kann die Übung mit den zwei Missionen Anwendung finden. Sie möchten etwas tun, ohne dabei Ihre Lebensharmonie zu beeinträchtigen. Die stoische Harmonie fördert innere Zufriedenheit, spornt aber auch zu einer aktiven, tugendhaften Auseinandersetzung mit der Welt an. Wenn Sie dies verinnerlicht haben, können Sie sich ganz auf den Pfad der Tugend konzentrieren.

Natürlich erfordert nicht jedes gesellschaftliche Engagement einen harten Kampf. Ich arbeite zum Beispiel gerne ehrenamtlich auf unserem Bauernmarkt. Jeden Sonntag, wenn der Markt schließt, helfe ich mit meiner Familie beim Abbau der Stände. Wir tun das, weil der Markt für unsere Nachbarschaft eine Bereicherung ist, sowohl in Bezug auf gesunde Lebensmittel als auch auf seine soziale Bedeutung. Hier kommen die Nachbarn miteinander in Kontakt. Der Stoizismus bestärkt Sie darin, Zeit und

Mühe in Ihre Umgebung zu investieren. Was motiviert Sie? Was schätzen Sie an Ihrer Nachbarschaft oder was sollte Ihrer Meinung nach stärker gefördert werden? Die dort Arbeitenden freuen sich vielleicht über zusätzliche Hilfe. Und wenn sich bisher niemand engagiert hat, fangen Sie doch einfach damit an. In jedem Fall stärkt Ihre stoische Praxis Ihren Mut, Ihren Sinn für Gerechtigkeit und Ihre Bereitschaft, mit anderen zusammenzuarbeiten. Deshalb, ergreifen Sie die Initiative und setzen Sie Ihre Ideen in die Tat um.

Zum Nachdenken

> Ich will euch die Stärke eines Philosophen zeigen: Ein Streben, das stets sein Ziel erreicht, ein Meiden, das in das Vermiedene nie gerät, ein ordentliches Lebensziel, einen wohlüberlegten Vorsatz, einen Beifall, der seine Gründe hat. Das werdet ihr an mir sehen.
>
> EPIKTET, UNTERREDUNGEN, 2.8

Wie in diesem Zitat skizziert, soll der Stoizismus Sie stark machen. Denken Sie beim Einüben der stoischen Techniken an diese Zeilen. Besitzen Sie die Stärke eines Philosophen?

Zum Nachdenken

> Zeige Gemütsruhe den Dingen gegenüber, die von äußeren Ursachen herkommen. Zeige Gerechtigkeit den Dingen gegenüber, die du selbst herbeiführst. Das heißt, dein Streben und dein Handeln sollen kein anderes Ziel haben als das Wohle aller; denn das ist deiner Natur gemäß.
>
> MARK AUREL, SELBSTBETRACHTUNGEN, 9.31

Der Dienst an der Gemeinschaft ist gesund. Er verbindet Sie mit einer Welt, die manchmal fremd und überfordernd erscheint. Insbesondere wenn sich übergeordnete Probleme völlig Ihrer Kontrolle entziehen, kann das Handeln auf lokaler Ebene hilfreich sein. Sollten Sie jemals einem der großen Probleme der Welt oder einem bestimmten Ereignis hilflos gegenüberstehen, gibt es einen Weg, diese Wahrnehmung zu überwinden. Erstens, verwenden Sie die Dichotomie der Kontrolle und ähnliche Praktiken, um sich auf das zu konzentrieren, was Sie unter Kontrolle haben. Wenn es um das Weltgeschehen geht, werden Sie feststellen, dass alle Geschehnisse außerhalb Ihrer Kontrolle liegen. Deshalb müssen Sie jedoch nicht in Passivität verharren.

- Was beunruhigt Sie an diesem Ereignis? Berührt es zum Beispiel Ihren Sinn für Gerechtigkeit?
- Gibt es ein ähnliches Problem in Ihrer direkten Umgebung?
- Wenn ja, gibt es Menschen, die dieses Problem angehen?
- Welches tugendhafte Handeln wäre geeignet, um das Problem in Ihrem eigenen Leben, in Ihrer eigenen Gemeinschaft anzugehen?

Können Stoiker einen Wandel herbeiführen?

Der von den Stoikern hochverehrte Cato war ein römischer Staatsmann, der sich dem stoischen Weg verschrieben hatte. Für spätere Stoiker war er aus mehreren Gründen ein Vorbild. Er war dafür bekannt, moralisch absolut integer und immun gegen Bestechung zu sein. Er hielt kompromisslos an seinen Werten fest und verdiente sich so den Respekt auch seiner politischen Gegner.

Vor allem bewunderten ihn die Stoiker, weil er, als seine Armee in einem Bürgerkrieg besiegt wurde, lieber den Tod wählte, als sich dem Feind auszuliefern. Damit bewies er, dass er die Tugend noch mehr schätzte als das *bevorzugte Etwas*, das man Leben nennt.

Die stoischen Helden arbeiteten alle an der Überwindung von Herausforderungen. Der mythische Herkules stand gewaltigen Prüfungen gegenüber. Sokrates hinterfragte die Gesellschaft, was, wie bei Cato, seinen Tod zur Folge hatte. Diogenes suchte in seinem Leben die Konfrontation und stellte die gesellschaftlichen Werte seiner Zeit radikal infrage. Für Stoiker sind diese Menschen Vorbilder. Von tugendhaften Menschen wird also naheliegenderweise erwartet, dass sie sich Herausforderungen stellen und dass sie Widerstände überwinden, wenn die Tugend dies erfordert.

> Wenn du beschlossen hast, dass etwas getan werden sollte, und du es auch tust, so verheimliche es nicht vor anderen, auch wenn die meisten davon nicht begeistert sein sollten. Wenn es nicht das Richtige zu tun ist, dann tue es nicht; aber wenn es das Richtige ist, warum hast du dann Angst vor denen, die dich zu Unrecht kritisieren werden?
>
> EPIKTET, HANDBÜCHLEIN DER MORAL, 35

Stoischer Mut soll Sie zum Handeln animieren. Stoische Kontrolle soll bewirken, dass Sie fokussiert bleiben. Aus stoischer Gleichgültigkeit entsteht niemals Apathie, sondern Furchtlosigkeit. Streben Sie mit aller aufzubringender Energie die Exzellenz des Charakters an, wenn die Angst vor gleichgültigen Dingen Sie niederdrückt. Die stoische Geisteshaltung macht Sie zu einem Aktivisten, auf welche Weise das auch immer auf Ihr Leben zutrifft.

Wenn Sie überlegen, wie Sie sich sozial einbringen möchten, konzentrieren Sie sich auf das, was Sie kontrollieren können, und blicken Sie nicht auf das mögliche Ergebnis eines einzelnen Projekts. In seinem 14. Brief an Lucilius schreibt Seneca: »In allen Dingen sieht der Weise auf die Absicht, nicht auf den Erfolg. Der Beginn einer Sache steht in unserer Gewalt, über den Ausgang aber entscheidet das Schicksal.« Cato verlor seinen Krieg und ist trotzdem ein Held, weil er für Gerechtigkeit eintrat. Ähnlich wird auch Ihr Erfolg durch Ihr Handeln und die Gründe Ihres Handelns bestimmt, auch wenn nicht garantiert ist, dass das erwünschte Ergebnis dabei herauskommt.

Möglicherweise arbeiten Sie Ihr Leben lang daran, die hier behandelten Themen vollkommen zu beherrschen. Sie müssen mit alten und neuen Beziehungen zurechtkommen. Die Bedürfnisse Ihrer Gemeinde werden sich ändern, und auch die Gemeinschaft, zu der Sie gehören, wird sich wahrscheinlich ändern. Was werden Ihre nächsten Schritte sein, wenn Sie dieses Buch beendet haben? Im letzten Kapitel mache ich Vorschläge für weitere Übungen und zusätzliche Lektüre, wobei ich mit den alten Stoikern beginne. Für die Fortsetzung Ihrer Reise in den Stoizismus wird Ihnen eine Vielzahl von Optionen offenstehen.

Kapitel 8
Die Fortsetzung Ihrer Reise

Warum diese ganze Raterei? Du kannst doch sehen, was getan werden muss. Wenn du den Weg erkennst, folge ihm. Heiter und ohne dich umzublicken. Wenn nicht, dann halte inne und hole dir den besten Rat, den du bekommen kannst. Wenn sich dir etwas in den Weg stellt, gehe unbeirrt weiter und nutze das, was du zur Hand hast. Halte dich an das, was dir recht erscheint.

Mark Aurel, Selbstbetrachtungen, 10.12

Auch Sie können ein erfolgreiches, fruchtbares Leben führen. Wenn Sie die Werkzeuge aus diesem Buch konsequent anwenden, dann werden Sie Hindernisse überwinden und Freude erlangen. In diesem letzten Kapitel mache ich Sie mit den nächsten Übungsschritten vertraut und übergebe den Staffelstab direkt an die alten Stoiker. Die zusätzlichen Lektürevorschläge werden Ihre Reise in den Stoizismus bereichern, wenngleich Sie alle notwendigen Werkzeuge bereits besitzen. Durch bewusstes und ständiges Üben erzielen Sie den größten Gewinn – den guten Fluss des Lebens.

Stoisches Handeln konsequent üben

»Wie könnte denn jemand sofortige Selbstbeherrschung erlangen, wenn er nur wüsste, dass man sich von den Vergnügungen nicht hinreißen lassen darf, und dabei doch völlig ungeübt wäre, ihnen zu widerstehen? Und wie könnte jemand gerecht werden, wenn er nur gelernt hätte, dass er das Maßhalten lieben muss, wenn er sich aber nicht darin geübt hätte, jedes Mehrhabenwollen zu unterdrücken? Und wie könnten wir Tapferkeit erwerben, wenn wir zwar erkannt hätten, dass die Dinge, die den meisten Menschen schrecklich erscheinen, in Wahrheit gar nicht gefürchtet werden müssen, wir uns aber überhaupt nicht darin geübt hätten, vor solchen Dingen keine Angst zu haben?«

MUSONIUS RUFUS, ÜBERLIEFERT AUS SEINEM UNTERRICHT IN PHILOSOPHIE

Konsequentes Üben wird Ihnen auch in Zukunft eine stoische Geisteshaltung erschließen. Sie werden sich in den passenden Momenten ohne lange nachzudenken an stoische Hilfssätze wie »Du bist nur eine Erscheinung« oder »Es wurde zurückgegeben« erinnern. Durch Üben werden Sie die in den Disziplinen erlernten Lehren ganz selbstverständlich anwenden können. Mithilfe dieser Werkzeuge wird es Ihnen gelingen, Ihre Harmonie zu bewahren. Die Höhen und Tiefen des Lebens werden ausgeglichen, weil Sie den Herausforderungen gewachsen sind. Um Ihr Leben zum Besseren zu verändern, sollten Sie das Üben nicht dem Zufall überlassen. Sie können nicht einfach hoffen, dass Ihnen in einem kritischen Moment das Richtige schon einfallen wird. Sie brauchen einen Plan. Um Sie auf Ihrem Weg zu unterstützen, empfehle ich Ihnen drei Dinge: die einzelnen Werkzeuge auswendig zu lernen, Tagebuch zu führen und eine tägliche Routine zu entwickeln.

Auswendig lernen

Sie müssen Ihre stoischen Werkzeuge ohne langes Überlegen anwenden können, und das funktioniert nur, wenn Sie sie abrufen können. Beginnen Sie mit Übungen, Techniken oder Einstellungen, die Sie bisher am meisten beeindruckt haben, prägen Sie sich ein Zitat oder einen Satz ein, der Ihr Gedächtnis triggert. Einer meiner Lieblingsbegriffe ist »Festival«. Dieses einfache Wort erinnert mich unter anderem an die stoische Liebe zu den Menschen und an die Notwendigkeit, loszulassen. Wie oft habe ich mich besser gefühlt, sobald ich es mir vergegenwärtigte und dann leise das Wort »Festival« vor mich hinsprach. Integrieren Sie den Stoizismus in Ihr geistiges Leben und in Ihr Denken.

Tagebuch führen

Wenn Sie in der Philosophie vorankommen wollen, schreiben Sie. Tagebuchschreiben ist bis heute ein wesentlicher Bestandteil der stoischen Praxis. Die *Selbstbetrachtungen* des Kaisers Mark Aurel waren ein persönliches Tagebuch, in dem er über Philosophie meditierte und sich mit seinen Fehlern auseinandersetzte. Er wuchs durch diese Praxis, die es ihm ermöglichte zu vergleichen, wer er war und wer er sein wollte. Ich begann meine Website, *Immoderate Stoic,* vor zehn Jahren als öffentliches Tagebuch. Auch jetzt schaue ich mir manchmal meine früheren Beiträge an, um zu vergleichen, wer ich damals war und wer ich heute bin.

Sie werden ebenfalls von dieser Praxis profitieren. Überlegen Sie, wie Sie mit sich selbst ins Gespräch kommen können. Mit Stift und Papier, einer Notizen-App auf Ihrem Telefon, einem Blog – Sie finden bestimmt eine passende Technik, um Ihre Gedanken festzuhalten.

Eine tägliche Routine entwickeln

Wählen Sie schließlich einige Übungen aus, die Sie in Ihren Alltag integrieren. Beginnen Sie den Tag zum Beispiel mit der *Morgenmeditation* und beenden ihn mit dem *Tagesrückblick.* Die stoische Routine erdet Sie. Sie werden die erlernten Werkzeuge spontaner einsetzen, weil Sie bereits eine stoische Grundhaltung eingenommen haben. Nachdem Sie ein oder zwei Dinge zum täglichen Üben ausgewählt haben, empfehle ich Ihnen, sich weitere Techniken zu suchen, die Sie in unterschiedlichen Abständen anwenden. Vielleicht nehmen Sie sich jeden Sonntagmorgen Zeit, um mit dem Blick von oben zu meditieren, oder Sie üben eine besonders wirkungsvolle negative Visualisierung ein. Die stoische Routine unterstützt Sie dabei, die angestrebte innere Harmonie zu kultivieren.

Zum Nachdenken

> Nenne dich niemals einen Philosophen und sprich unter Laien auch möglichst nicht über die philosophischen Grundsätze, sondern handle ihnen entsprechend. So sprich zum Beispiel bei der Mahlzeit nicht davon, wie man essen soll, sondern iss, wie man essen soll.
>
> Epiktet, Handbüchlein der Moral, 46

An mehreren Stellen ermahnte Epiktet seine Schüler, das Leben der Philosophie zu leben, anstatt darüber zu reden. Er warnte sie davor, andere zu belehren, ohne sich selbst danach zu verhalten. Wenn Sie den Stoizismus in Ihr Leben integrieren, sind Sie vielleicht versucht, anderen zu viel von sich mitzuteilen. Deshalb stellen Sie sich vorher ein paar Fragen und denken Sie an die stoische Sichtweise.

- Verhalte ich mich gerade wie ein Stoiker oder spreche ich nur über den Stoizismus?
- Bin ich in dieser Situation tatsächlich um Rat gefragt worden? Ungefragte Ratschläge werden ungern angenommen und sind oft kontraproduktiv.
- Im Stoizismus geht es um die Harmonie im Leben. Wie kann ich das Leben eines Stoikers vorleben, ohne darüber zu sprechen?

Extreme

Konsequentes Üben zahlt sich aus, wenn Sie mit besonders schwierigen Problemen konfrontiert sind. Nach dem stoischen Ideal begegnen Sie jeder Situation auf die gleiche Weise: positiv und resilient, ohne dabei die Harmonie mit der Welt zu verlieren. Aber um mit einem besonders schwierigen Problem fertigzuwerden (einem rein persönlichkeitsbezogenen oder allgemein menschlichen), sollten Sie intensiv geübt haben und vorbereitet sein. Wir haben schon über die negative Visualisierung gesprochen, die für solche Situationen geeignet sein kann. Ich finde, dass in stressigen Zeiten auch das Abrufen stoischer Kurzphrasen oder die Verwendung des Blicks von oben besonders hilfreich sein können.

Probleme treffen uns nicht nur für einen bestimmten Augenblick, sie können uns über längere Zeiträume beschäftigen. An einem schönen Tag, an dem Sie an nichts Böses denken, tauchen überwunden geglaubte Probleme manchmal wie aus dem Nichts wieder auf. Dann ist ein strategisches Mantra gefragt, zum Beispiel: »Du bist nur eine Vorstellung und durchaus nicht das, was du scheinst.« Auch der Satz »Das bedeutet mir nichts« kann gute Dienste leisten. In Momenten, in denen Sie sich der Situation nicht entziehen können, um sie stoisch zu reflektieren, helfen solche schnellen und effizienten Praktiken, sich selbst rasch wieder in eine positive Geisteshaltung zu bringen. Als ich begann, mich ernsthaft mit dem Stoizismus zu beschäftigen, notierte ich mir ein paar Sätze auf einem Zettel und steckte ihn in meine Tasche. Immer wenn Stress aufkam, faltete ich den Zettel auseinander und wählte einen passenden Satz aus, der mir half, mich zu zentrieren. Finden Sie eine für Sie passende Methode und bleiben Sie dabei.

Der Trick mit dem Rauszoomen

Der innere Frieden kann auch bewahrt werden, wenn Sie Ihre gegenwärtigen Probleme aus einer globalen Perspektive betrachten. Der Blick von oben soll Ihr Bewusstsein über das Persönliche hinaus zu einer allumfassenden Geisteshaltung erweitern. Diese Übung befreit Sie von niederschmetternden Gedanken und stellt sie in einen überschaubaren Kontext. In seinen *Selbstbetrachtungen* 9.30 sagt Mark Aurel: »Wie von einer Anhöhe aus betrachte die unzähligen Volkshaufen mit ihren unzähligen Religionsgebräuchen, die Seefahrten nach allen Richtungen unter Stürmen und bei ruhiger See und die Verschiedenheiten zwischen den werdenden, mit uns lebenden und dahinschwindenden Wesen. Betrachte auch die Lebensweise, wie sie vormals herrschend war, wie sie nach dir sein wird und wie sie jetzt unter unkultivierten Völkerschaften herrscht. Ferner, wie viele nicht einmal deinen Namen kennen, wie viele ihn gar bald vergessen, wie viele, jetzt vielleicht deine Lobredner, nächstens deinen Tadel anstimmen werden, und wie weder der Nachruhm noch das Ansehen noch sonst etwas von allem, was dazu gehört, Beachtung verdient.« Solche Überlegungen erinnern Sie daran, wie sehr Ihr aktuelles Problem in der menschlichen Erfahrung verankert ist. In Momenten, in denen es besonders schwierig ist, das Kontrollierbare vom Gleichgültigen zu trennen, kann Ihnen ein mentales Zurücktreten und Innehalten wieder Halt geben.

Sie sind bestrebt, Ihr Bestes zu geben. Es gibt Zeiten, in denen das eine große Herausforderung ist. In den *Unterredungen* 3.25 sagt Epiktet: »In diesem Wettstreit kann uns niemand daran hindern, den Kampf wieder aufzunehmen, selbst wenn wir eine Zeitlang schwächeln sollten. Es ist auch nicht nötig, vier Jahre auf die nächsten Olympischen Spiele zu warten. Vielmehr kann man erneut in den Kampf eintreten, sobald man sich erholt hat und wieder zu Kräften gekommen ist und denselben Eifer wie zuvor aufbringen kann. Und wenn man wieder versagen sollte, kann man erneut den Kampf aufnehmen; und wenn man dann eines schönes Tages den Sieg davonträgt, wird es sein, als hätte man nie aufgegeben.« Vergessen Sie nie, dass Sie es noch einmal versuchen können. Stehen Sie auf, wenn Sie stolpern, stärken Sie sich, und machen Sie weiter.

Glück

Auch in guten Zeiten ist stoisches Denken gefragt. Wir haben bereits gesehen, dass Fortuna ihre Gaben großzügig verteilt, dass dafür aber keine Garantie besteht. Die guten Dinge zu genießen, ohne über ihre Vergänglichkeit nachzudenken, birgt die Gefahr, im Falle einer Veränderung tief zu stürzen. Dies zu vermeiden bedeutet nicht, dass man sich keine Vergnügungen gönnen darf oder sich in irgendeiner Form sonst im Leben zurückhalten sollte. Nein. Sie sollten alle Gaben in vollen Zügen genießen, dabei aber dem Augenblick echte Aufmerksamkeit schenken und sich potenziellen Veränderungen bewusst sein.

Wie oft haben Menschen bedauert, dass sie das, was sie hatten, nicht zu schätzen wussten, als sie es hatten? Ihre stoische Einstellung hilft Ihnen, Dinge, die Sie haben, wertzuschätzen, und bewahrt Sie vor dem Gefühl, etwas verpasst zu haben. Die Gegenwart einzukreisen gehört wesentlich zu Ihrer Liebe zum Leben. Wenn Sie mit einer Person zusammen sind, die Ihnen wichtig ist, lenken Sie Ihre Aufmerksamkeit ganz auf sie und auf den gemeinsamen Moment. Lassen Sie nicht zu, dass sich Ihre Gedanken in Wünschen oder Zukunftsängsten verlieren. Vergessen Sie dabei aber gleichzeitig nicht, dass alles, was Sie haben, nur geliehen ist. Eines Tages werden Sie es zurückgeben. Umso wichtiger ist der gegenwärtige Moment. Warum sollten Sie Ihre Zeit auf eine ungewisse Zukunft verschwenden, wenn Ihr Glück im gegenwärtigen Moment liegt? Investieren Sie voll und ganz in das Jetzt, damit Sie im Fall einer Veränderung keinen Verlust empfinden, weil Sie wirklich alles aus der Ihnen verfügbaren Zeit herausgeholt haben.

Sinngemäß meinte Mark Aurel: Wenn man mit schlechten Zeiten richtig umgeht, werden sie faktisch zu guten Zeiten. Denken Sie vor diesem Hintergrund darüber nach, wie gleichgültig einzelne Ereignisse sind, und wie Sie sich kontinuierlich weiterentwickeln können.

- Was bedeuten »schlechte Zeiten« für einen Stoiker?
- Was bedeutet eine »gute Zeit« in unserer Philosophie?
- Welche Vorteile hat es, eine stoische Sichtweise von Ereignissen einzunehmen?
- Wie kann diese Sichtweise Ihnen helfen, in Harmonie zu leben?

Quiz: Richtig oder falsch?

Die negative Visualisierung soll Sie auf die schwierigsten Herausforderungen des Lebens vorbereiten. Entscheiden Sie, welche Aussagen über negative Visualisierung richtig und welche falsch sind.

- Sie sollen sich eine Schwierigkeit so vorstellen, als würde sie in diesem Moment auftreten. _______
- Negative Visualisierung hilft Ihnen, sich jetzt Sorgen zu machen, damit Sie sich später weniger sorgen müssen. _______
- Negative Visualisierung hilft Ihnen, zu erkennen, welche Dinge gleichgültig sind und dass Ereignisse für sich genommen weder gut noch schlecht sind. _______
- Sie sollten nur kleine Probleme visualisieren – Ereignisse wie Trennungen, Hausbrände und Tod sind zu schwer zu verkraften. _______
- Mithilfe der negativen Visualisierung verstehen Sie, dass Veränderungen notwendig, natürlich und zu erwarten sind. _______

- Negative Visualisierung ist dazu gedacht, Sie zu einem Pessimisten machen. ______
- Mithilfe der negativen Visualisierung können Sie Ihre positiven Leidenschaften weiterentwickeln und zu einem besseren Verständnis von Amor Fati kommen. ______

Lösungen auf Seite 147

Zum Nachdenken
Viele Stoiker denken in schwierigen Zeiten an die erlernten Techniken, vergessen aber, sie auch an unbeschwerten Tagen anzuwenden. Denken Sie an die verschiedenen stoischen Praktiken und entscheiden Sie, welche Ihnen in guten Zeiten helfen könnten:

Mit welcher Geisteshaltung entwickeln Sie positive Leidenschaften und mit welcher können Sie diese bewahren, wenn neue Herausforderungen auftreten?

Nachhaltiges Glück

Zu Beginn dieses Buches habe ich Mark Aurel zitiert: »Aufhören, darüber zu reden, wie ein guter Mensch ist, sondern einfach so sein.« Sie haben, was Sie brauchen, um sich in die beste Version Ihrer selbst zu verwandeln. Das ist der eigentliche Sinn des Stoizismus: Ihnen deutlich zu machen, dass das Glück zum Greifen nahe ist – wenn Sie wissen, was Sie dafür tun müssen. Wenn Sie nun den Stoizismus auf Ihr Leben anwenden, beachten Sie, wie er sich auf Sie auswirkt. Entfalten Sie mehr Weisheit, Mut, Mäßigung und Gerechtigkeit in Ihrem Leben? Gibt es mehr Momente der Freude? Seneca sagt: »Keine Schule ist gütiger und sanfter, keine den Menschen mehr zugetan und besorgter um das Gemeinwohl. Das Ziel, das sie uns zuweist, ist, Nutzen zu stiften und Hilfe zu leisten, sich nicht nur um sich selbst Gedanken zu machen, sondern um alle und jeden Einzelnen im Besonderen.« Bringen auch Sie diese Eigenschaften zum Ausdruck? Wenn ja, befinden Sie sich auf einem Weg der Harmonie und haben bereits einen guten Fluss des Lebens herausgebildet.

Einer der besten Wege, in Ihrer Philosophie zu wachsen, ist, Teil einer stoischen Community zu werden. Am einfachsten funktioniert dies mittels entsprechender Onlineforen. Auf allen großen Social-Media-Plattformen gibt es Gruppen, von denen Sie lernen und die Ihnen weiterhelfen können. Dort können Sie sich mit Menschen austauschen, die den gleichen Weg gehen wie Sie. Möglicherweise gibt es auch stoische Gemeinschaften in Ihrer Nähe. Die Website *The Stoic Fellowship* sammelt Informationen über eine Vielzahl von stoischen Zusammenkünften in aller Welt. Die Seite gibt Ihnen auch Tipps, wie Sie selbst eine Gruppe gründen können, sollte es in Ihrer Region noch keine geben. In stoischen Gruppen finden Sie dieselbe Gedanken- und Meinungsvielfalt wie in jeder anderen Gruppe auch, die die unterschiedlichsten Menschen zusammenbringt. Seien Sie deshalb darauf vorbereitet, dass der Umgang mit anderen Stoikern möglicherweise von Ihnen fordert, den Stoizismus praktisch anzuwenden. Gleichwohl ist es sehr wertvoll, sich mit anderen Menschen über die eigene Reise auszutauschen.

> Sei nicht verärgert, niedergeschlagen oder mutlos, wenn nicht all deine Tage voll der weisen und ethischen Handlungen sind. Steh wieder auf, wenn du scheiterst. Und freue dich, wenn du dich menschlich

> verhältst – wenn auch noch unvollkommen. Nimm den Weg wieder auf, den du dir vorgenommen hast.
>
> MARK AUREL, SELBSTBETRACHTUNGEN, 5.9

Denken Sie an Ihre persönlichen Wertvorstellungen und überlegen Sie, was Sie motiviert, nach einem Misserfolg weiterzumachen. An welchen Veränderungen in Ihrem Leben werden Sie am besten erkennen, dass Sie vorankommen? Mit welchen Übungen können Sie diesen persönlichen Fortschritt am besten erzielen?

Der Stoizismus hat Ihnen Werkzeuge an die Hand gegeben, aber Sie sind derjenige, der sie anwenden muss, damit Sie Herausforderungen überwinden und Ihr bestes Selbst werden. Sie haben alles, was Sie brauchen, um ein erfolgreiches Leben zu führen. Öffnen Sie sich dem Leben und zeigen Sie, dass Sie widerstandsfähig sind, entfalten Sie Freude, und nutzen Sie Ihre Einzigartigkeit, um eine bessere Welt zu gestalten.

Lösungen der Übungen

Seite 38: C, F, D, B, A, E
Seite 128: C, D, B, A
Seite 143: richtig, falsch, richtig, falsch, richtig, falsch, richtig

Zum Weiterlesen

Der Literaturkanon

Es existieren nur wenige, kostbare Schriften der antiken Stoiker, aber diese sind es wert, sie zu kennen. Von den meisten Texten gibt es zahlreiche Ausgaben, Übersetzungen und dergleichen. Das Schöne an der heutigen Zeit ist, dass viele davon auch im Internet frei verfügbar sind.

Ich empfehle Ihnen als erste Lektüre das *Handbüchlein der Moral.* Es besteht aus einer Sammlung von Epiktets Gedanken, die von einem seiner Schüler zusammengestellt wurden. Es ist ein bisschen wie ein Leitfaden zur stoischen Philosophie, obwohl es gewiss nicht umfassend ist. Das *Handbüchlein* wird Ihnen viele Anregungen und Denkanstöße geben.

Die *Selbstbetrachtungen* von Mark Aurel geben als Tagebuch Einblick in die Gedankenwelt eines praktizierenden Stoikers. Für mich ist dieser Philosoph eher ein Gefährte als ein Lehrer. Die *Selbstbetrachtungen* waren nicht zur Veröffentlichung bestimmt, Sie werden bemerken, dass manche Einträge oft planlos erscheinen. Das Leben des Kaisers folgte kaum einer inhaltlichen Systematik; es nahm einfach seinen Lauf und er schrieb darüber. Dennoch gibt es in den zwölf Büchern viele Lehrsätze, die auch heute ihre Gültigkeit haben, unabhängig davon, wie weit wir zeitlich und gesellschaftlich von Mark Aurel entfernt sind. Sie können direkt mit Buch zwei beginnen. Das erste Buch liest sich eher trocken und gibt nicht wirklich den Ton des gesamten Tagebuchs wieder.

Seneca hat sehr viel geschrieben und das meiste ist bis heute erhalten. Ich kann Ihnen insbesondere seine »Briefe an Lucilius« ans Herz legen. In diesem Buch sind 124 Briefe gesammelt, die Seneca gegen Ende seines Lebens geschrieben hat. Sie behandeln eine breite Palette von Themen, die die stoische Sicht auf das Leben, den Tod und all die Bereiche dazwischen beleuchten.

Mit diesen drei Büchern werden Sie schon weit kommen. Ich selbst lese die *Selbstbetrachtungen* und das *Handbüchlein* seit zehn Jahren immer wieder. Wollen Sie sich noch eingehender mit den Schriften der alten Philosophen beschäftigen, empfehle ich Ihnen, die Vorträge und Sinnsprüche des Musonius Rufus sowie ein Exemplar von Epiktets *Unterredungen* zur Hand zu nehmen. Musonius war der Lehrer von Epiktet und das wenige, was von ihm erhalten ist, zeigt sehr gut, worum es in der stoischen Schule ging. Die *Unterredungen* ergänzen die Lehren des *Handbüchleins*. Sie vermitteln ein viel tieferes Verständnis des stoischen Denkens und seiner praktischen Umsetzung.

Die Website *Stoiker.net* enthält Artikel über den Stoizismus aus ganz unterschiedlichen Perspektiven. Sie ist eine unschätzbare Quelle und ein hervorragender Ausgangspunkt, um sich die stoische Praxis weiter zu erschließen. Sie enthält auch Informationen über die *Stoic Week*, die jedes Jahr aufs Neue eine wunderbare Gelegenheit bietet, Ihr Wissen in die Praxis umzusetzen.

Quellen

Die Zitate im Buch wurden, sofern nicht aus den angegebenen Quellen übernommen, für diese Ausgabe neu übersetzt.

Aurel, Mark, *Selbstbetrachtungen,* in einer Neuübersetzung von Gregory Hays, übersetzt von Elisabeth Liebl, München: FinanzBuch Verlag, 2020.

Epiktet, *Handbüchlein der stoischen Moral,* Berlin: Holzinger Verlag, 2013.

Epiktet, *Unterredungen*, Jena/Leipzig: Verlage Eugen Diederichs, 1905, https://archive.org/stream/unterredungenmit00epic/unterredungenmit00epic_djvu.txt.

Farnsworth, Ward, *Der praktizierende Stoiker*, übersetzt von Kerstin Brömer, München: FinanzBuch Verlag, 2021.

Hadot, Pierre, *Die Innere Burg: Marc Aurels Philosophie als Haltung,* Frankfurt a. M.: Eichborn Verlag, 1997.

Laertius, Diogenes, *Leben und Meinungen berühmter Philosophen*, Hamburg: Verlag Felix von Meiner, 1967.

Musonius Rufus, in *Epiktet, Teles und Musonius, Wege zum glückseligen Leben*, Zürich: Artemis-Verlag, 1948.

Seneca, *Philosophische Schriften,* 4 Bände, Hamburg: Felix Meiner Verlag, 1993.

Register

Danksagung

Meine Entwicklung zum Stoiker wurde von einer Vielzahl von Menschen begleitet – einige davon habe ich kennengelernt und viele haben mich aus der Ferne beeinflusst. Besonders danke ich der Organisation *Modern Stoicism.* Ihre Website und Bücher haben mir eine Vielzahl verschiedener Sichtweisen anderer moderner Stoiker vermittelt. Ich danke Patrick Ussher und Gregory Sadler, auf deren Website ich veröffentlichen durfte. Viele aus ihrem Team, insbesondere Donald Robertson, Chris Gill, John Sellars und Massimo Pigliucci, haben mein Verständnis und meine Praxis des Stoizismus beeinflusst.

Mark Johnston und Greg Milner verdanke ich, dass ich mir über den Podcast *Painted Porch* Gehör verschaffen konnte. *Stoics in Action* und die Facebook-Seite *Stoics for Justice* stimmen mich optimistisch, dass sich unserer Philosophie in der modernen Welt positiv weiterentwickeln wird. Überdies stellen mir die vielen Hörerinnen und Hörer meines Podcasts *Good Fortune* schwierige Fragen und fordern mich heraus.

Ich danke auch meinem geliebten Viertel in Montavilla. Ohne »Townshend's Teahouse«, »Bipartisan Cafe« und »Beer Bunker« wäre dieses Buch nicht zustande gekommen.

Über den Autor

Matthew J. Van Natta hat den Stoizismus-Podcast *Good Fortune* und den Blog *Immoderate Stoic* gegründet. Seine Schriften befassen sich mit der täglichen Umsetzung des Stoizismus in der modernen Welt. Er lebt mit seiner Frau und seiner Tochter in Portland, Oregon.

Stoizismus – Das 5-Minuten-Journal

Matthew J. Van Natta

Wer möchte das nicht – fokussiert, zufrieden, zuversichtlich, ja sogar fröhlich bleiben, egal welche Herausforderungen das Leben einem in den Weg stellt? Stoizismus – Das 5-Minuten-Journal zeigt, wie man emotionale Widerstandsfähigkeit entwickeln und eine positive Einstellung kultivieren kann, indem man seine Aufmerksamkeit ausschließlich auf das richtet, was man im Leben kontrollieren kann. Mit einem Überblick über den Stoizismus, anregenden Zitaten von den maßgeblichen Philosophen und viel Platz zum Schreiben bietet dieses Tagebuch alles, was der angehende Stoiker für das Erlernen der stoischen Prinzipien braucht. Jede Übung ist so konzipiert, dass sie nur fünf Minuten pro Tag in Anspruch nimmt, sodass sich das Tagebuch jederzeit auch in kurzen Momenten zur Hand nehmen lässt.

192 Seiten | Softcover | 15,00 € (D) | 15,50 € (A) | ISBN 978-3-95972-480-7